KB109857

상위 1% 협회·단체의 10가지 성공전략

상위 1% 협회·단체의 10가지 성공전략

발행일   2022년 4월 25일

지은이   이의준
펴낸이   손형국
펴낸곳   (주)북랩
편집인   선일영   편집   정두철, 배진용, 김현아, 박준, 장하영
디자인   이현수, 김민하, 허지혜, 안유경   제작   박기성, 황동현, 구성우, 권태련
마케팅   김회란, 박진관
출판등록   2004. 12. 1(제2012-000051호)
주소   서울특별시 금천구 가산디지털 1로 168, 우림라이온스밸리 B동 B113~114호, C동 B101호
홈페이지   www.book.co.kr
전화번호   (02)2026-5777   팩스   (02)2026-5747

ISBN   979-11-6836-275-8 03320 (종이책)   979-11-6836-276-5 05320 (전자책)

잘못된 책은 구입한 곳에서 교환해드립니다.
이 책은 저작권법에 따라 보호받는 저작물이므로 무단 전재와 복제를 금합니다.

(주)북랩 성공출판의 파트너

북랩 홈페이지와 패밀리 사이트에서 다양한 출판 솔루션을 만나 보세요!

홈페이지 book.co.kr • **블로그** blog.naver.com/essaybook • **출판문의** book@book.co.kr

작가 연락처 문의 ▸ ask.book.co.kr

작가 연락처는 개인정보이므로 북랩에서 알려드릴 수 없습니다.

협회·단체 임원을 위한 직무역량 개발서

상위 1% 협회·단체의 10가지 성공전략

이의준 지음

1인 1단체의 시대,

최고의 단체가 되려면
최고의 전문가가 전하는
성공 노하우를 살펴라

바야흐로 협회·단체 5만 개 시대다. "인간은 사회적 동물"이라는 아리스토텔레스의 말처럼, 인간의 본능과 수요에 따라 단체는 더욱 늘어날 것이다. 적지 않은 단체가 법인으로 허가받고 참여자의 일부는 임원으로서 조직을 이끌게 된다. 하지만 단체의 특성을 제대로 이해하지 못하고 '봉사'의 명분만으로 경제적 부담과 에너지를 쏟는 경우가 많다. 협회·단체의 임원이 오랜 경험이나 시행착오가 없이는 자신의 역할을 능히 해내거나 성과나 보람을 거두어 내기란 쉽지 않다. 그런 면에서 사전에 충분한 학습과 준비가 필요하다.

이 책은 이를 감안한 협회·단체 임직원의 직무 가이드북이다. 번역서나 회계서가 아닌, 최초로 국내 실정에 맞는 단체경영 전략을 제시한 책으로서 그 의미가 크다. 저자는 협회·단체의 설립·운영·지원·관리·감독 등 전반의 과정을 경험하였다. 전략과 리더십을 공부한 경영학박사이자 단체 전문 행정사이며 단체의 인사와 조직 운영, 갈등 관리, 경영 전략, 임직원 역량 강화 등을 아우르는 전문가다. 이를 바탕으로 임원들이 협회·단체 업무의 '숲과 나무'를 모두 볼 수 있도록 필수적으로 알아야 할 지식, 단체의 성공과 실패 요인, 임원 각자의 역할 등을 제시하였다.

앞으로 협회·단체는 '융합의 시대에 맞는 조직'으로 각광받게 될 것이다. 대규모 단체의 영향력은 사회의 어느 주체에 못지않게 커지고 있다. 이러한 단체의 임직원은 단체라는 큰 배에 몸을 싣고, 그 배의 운항을 이끄는 역할을 하게 된다. 나 자신도 경험자다. 그런 점에서 국내 최대 단체의 하나인 대한변호사협회장을 역임하기 전에 이 책을 미리 읽었다면 보다 체계적이고 효율적으로 단체를 운영했을 것이다. 비록 만시지탄晚時之歎의 경험에서 감히 말씀드리자면, 이 책을 통해 성공하는 단체의 일원으로서 노하우를 익히고 더 큰 사회의 리더로 발전하기를 바라는 마음으로 적극 추천하는 바다.

제50대 대한변호사협회 회장 이찬희

협회·단체의 임원은 무엇을 해야 하는가

단체의 임원이라면 스스로 물어보자.

❝ 단체를 얼마나 이해하고 있는가?
나의 역할이 무엇인지 알고 있는가?
단체는 잘 운영되고 있는가? ❞

단체의 임원이 되어 얼떨결에 이사회 몇 번 하는가 싶더니 임기가 끝난다.

"회비가 아깝다.", "이러려고 임원을 맡았나?", "협회가 왜 있는지 모르겠다."라는 푸념도 나온다. 단체에 대한 사전 지식과 임원의 역할에 대한 로드맵이 없으니 우왕좌왕하다 시간만 흐른다. 주변에 물어보자니 각자의 입장과 시각이 달라 답을 찾기도 어렵고 자존심도 상한다. 지나 보면 아쉬움이 남는다.

하지만 성공한 임원의 소감은 다르다.

"그 자리는 내게 영광이자 소중한 경험이었다.", "좋은 사람들을 만날 수 있었다.", "더 넓은 세상을 보았다."라며 만족해한다.

무엇이 이러한 차이를 만들어 낼까? 이는 임원으로서 얼마나 자리에 맞는 역할을 하고 그에 따른 보람과 만족을 느꼈는가에 달려 있다. 이를 위해서는 단체를 둘러싼 환경의 이해와 단체의 존재 이유 및 특성을 파악해야 한다.

사람들은 협회나 단체의 임원이 됨으로써 개인적 사회참여와 성장의 욕구를 충족시키고자 하며 이들은 단체의 위상과 역할에 주목하게 된다. 일반적으로 대중은 '권력이나 힘을 가진 주체'로 대통령이나 국회, 정부, 대기업, 언론과 같은 공식적이고 정예화된 조직을 꼽는다.

그러나 겉에 드러난 것과 달리 물밑에서 영향력을 발휘하는 '숨은 강자'는 바로 협회·단체다. 단체의 역사가 오랜 영국이나 미국, 일본에서도 이들은 강력한 영향력을 발휘하고 있다. 혹자는 "단체가 사실상 나라를 움직이는 힘"이라고 할 정도다. 우리의 귀에 익은 대규모 단체의 힘과 자원은 사회의 어느 주체에 못지않게 막강하다. 회원과 자금을 바탕으로 다양한 활동을 벌인다. 정책 연구와 제안을 통해 조직의 목소리를 낸다. 내부적 단합이나 외부 협력을 벗어나 강력한 로비, 카르텔 형성, 정책제시, 언론플레이, 집단행동을 마다하지 않는다. 단체의 회원이 된다는 것은 단체라는 큰 배에 몸을 싣는 것이고, 임원은 그 배의 운항 목적에 참여하고 성과를 공유한다.

개인의 입장에서는 사안에 따라 단체를 통해 하는 것이 보다 효율적이고 효과적인 경우가 많다. 그 일이 순수한 사회 봉사이든, 자신들의 업권業勸이나 직역職域을 지키려 하든, 단체를 통해 뜻을 펴거나 불이익을 방지하거나 추가적인 이익을 실현할 수 있다.

개인은 단체의 일원이 되어 권익을 보호받고 전문적 서비스를 누리며 회장이나 위원장, 대의원과 같은 사회적 지위와 권력을 얻는다. 자연인이거나 사업자이거나 일약 단체의 회장·이사장과 같은 타이틀을 얻으면, 사회적 지위는 급상승한다. 그중에는 청와대나 총리공관에 초대받으며, 언론에 오르내리는 자신의 이름을 발견하게 된다.

임원이 되어 누리는 가장 큰 이점은 네트워크network다. 2년 또는 3년의 임기 동안 이사회나 총회, 대의원회, 위원회 등의 구성원과 교류하게 된다. 커다란 인적자산이 생긴다. 선출된 임원은 어느 정도 자격과 역량을 검증받은 사람들—다 그렇지는 않지만—이다. 자리가 자리인 만큼 의무와 책임, 그리고 권한을 체험하고 한편으로는 자긍심과 존중, 배려의 문화도 배우게 된다. 그만큼 단체가 중요하다.

그러나 모든 단체가 만족을 주거나 모든 임원이 권리와 혜택을 누리는 것도 아니다. 단체에서 만족을 찾으려면 좋은 단체에 참여하든지, 아니면 참여해서 좋은 단체를 만들든지 해야 한다. 어떤 단체를 만들어야 하는가? 단체에도 양극화는 존재한다. 재정財政에서부터 회원 수, 윤리수준, 대외 이미지, 영향력, 역할 등에서 많은 차이가 있다. 어떤 단체들은 도심 한복판에 초고층 빌딩과 대기업 못지않은 자산을 보유하고 수천에서 수십만의 회원이 있으며 사무국 직원도 수백 명에 이른다. 직원에게 대기업에 버금가는 연봉을 주는 단체도 있다. 임원이 회원을 위해 봉사하며 고액의 협찬과 기부금을 제공하며 단체의 재정을 지원하기도 한다.

하지만 그러한 단체는 그리 많지 않다. 대다수 단체의 현실은 이와 반대다. 새로 탄생하는 단체가 늘고는 있지만 대부분 설립 후에 활동이 없거나, 이름만 내세워 회원을 모집하고 회비나 찬조금을 거두고 나서도 활성화되지 못한 채 사라진다. 또한 운영비를 감당하지 못하고 정부에 손을 벌린다. 단체 내에 갈등과 싸움도 있고, 서로의 이견으로 합리적 의사 결정도 쉽지 않다.

회원의 일탈과 감소, 재정적인 어려움 등 현실적인 경영상의 어려움도 만만치 않다. 임원 중에는 사익만을 우선하며, 부정부패를 저질러 고소·고발의 대상이 되기도 한다. 임원의 자질과 도덕성의 부족, 자리다툼, 리더십의 결함으로 내부의 분란을 자초하기도 한다. 사무국 직원은 한 달도 못 버티고 나가며, 비상근 임원의 무지와 권위적 태도, 상근 임직원의 무사안일과 무능력, 이들의 반목, 회장과 이사진의 불화, 정부와의 냉랭한 관계 등이 불안 요인이다.

그럼에도 단체는 안정적인 유지와 성장을 동시에 이루어야 한다. 잠재 회원이 선택하고 기존 회원이 지지하는 단체가 되어야 한다. 회원은 여러 단체를 살펴보며 소비자처럼 상품이나 서비스를 고르듯 단체를 선택할 수 있다. 그러니 단체도 이들의 요구나 기호를 맞추어야 한다.

그러려면 무엇보다 체계적인 경영을 해야 한다. 주먹구구식 조직을 만들어 돈 많이 내는 회장을 내세우고 임기를 채우던 시대는 지났다. 회원을 대신하여 정부를 상대하고, 명확한 리더십을 갖추어 구성원이 화합하며 단체의 안정 기반 마련과 성장을 이루어 나가야 한다. 현재에 안주하지 말고 지속적으로 혁신해야 한다. 혁신의 성공은 회장의 명예, 임원의 보람, 그리고 사무국 직원의 성과로서 빛나게 될 것이다. 이를 위해서는 성공의 핵심 요인이 무엇인가를 살펴보고 단체의 설립목적과 임무를 달성하기 위한 자원Resource·역량Capability·도덕성Ethics을 갖추어야 하며 경영·관리를 보다 전문적이고 체계적으로 해야 한다. 미국의 협회운영단체 ASAE는 협회·단체가 성공하려면 과학적이고 합리적인 경영을 해야 함을 강조하고 있다.

이 책은 이러한 점을 반영해 임원에게 단체의 위기 대응과, 안정적 경영기반 구축, 나아가 미래 성장의 기회를 모색하는 데 역할을 다하도록 구성했다.

이 책에서는 첫째, 단체의 임직원들이 취임 전에 알아야 할 지식을 제공하였다. 임원은 지엽적·일시적으로 단체의 업무에 참여하므로 충분히 단체의 운영을 파악하기 어렵다. 따라서 단체경영에 대한 학습을 통해 임기시작과 동시에 신속·정확하게 단체와 호흡을 맞출 수 있게 하였다.

둘째, 단체의 성공 요인과 실패 요인을 논하였다. 성공과 실패는 동전의 양면이다. 부족한 것이 실패 요인이고 충분한 것이 성공 요인이다. 완전성공 요인이나 완전실패 요인 하나로 성패가 좌우되지는 않는다. 오히려 여러 성패 요인을 적절히 통제·활용해야 소기의 목적을 달성할 수 있음을 보여 주고자 했다.

셋째, 임직원이 각자의 역할을 명확히 인식해야 함을 강조하였다. 적정한 역할 분담과 협력이야 말로 단체가 유기적으로 작동하는 데 필수적인 요소다. 업무경계와 수행한계를 알고 지키도록 가이드라인을 제시하였다. 임원들이 협회·단체의 업무를 하면서 '숲과 나무'를 동시에 보도록 하는 것이다.

이 책이 만들어지기까지 몇 번을 주저했지만 많은 단체의 임원들이 겪는 고민과 애로를 조금이나마 덜어 주고 싶었다. 임원들도 단체에 대해 조금이라도 더 알면 좋을 것이다. 이 책이 나오기까지 도와주신 여러분께 깊이 감사드린다.

목차

PART 1 협회·단체란 무엇인가 • 27

PART 2 협회·단체에 비전을 심어라 • 59

임원 체크리스트

책을 읽기 전에 1차 점수를, 책을 읽고 나서 2차 점수를 집계합니다.

- 질문에 해당하는 본인의 점수를 우측 빈칸에 적으세요.
  '전혀 아니다'가 1점이고, '매우 그렇다'가 5점입니다.
- 점수를 합해서 소계에 적으시고, 집계표에 적으세요.

[최종점수 집계표]

No	항목	배점	1차 점수	2차 점수	증감
1	단체의 목적과 비전	25			
2	단체의 이미지	25			
3	리더십	25			
4	법과 규정	45			
5	단체의 현황	25			
6	임원 선출	25			
7	회장 및 상근 임원	45			
8	이사	100			
9	투명·윤리경영	115			
10	회원 서비스	120			
11	의사소통	20			
12	정부 관계	25			
13	사무국 관리·통제	50			
14	성과 관리	35			
15	홍보	60			
16	회비 및 후원금	80			
	총점	**820**			

　상위 1% 협회·단체의 10가지 성공전략

1. 단체의 목적과 비전	
단체의 목적을 알고 있는가?	
목표나 비전을 알고 있는가?	
전략이 있다고 생각하는가?	
중장기 발전 방안이나 계획이 있는가?	
연간 업무 계획을 알고 있는가?	
5항목 소계	

2. 단체의 이미지	
단체를 자랑스럽게 생각하는가?	
단체의 외부 이미지는 좋다고 생각하는가?	
단체에 대해 칭찬을 들어 봤는가?	
단체는 발전하고 있다고 생각하는가?	
단체에 문제는 없다고 생각하는가?	
5항목 소계	

3. 리더십	
리더가 있는가?	
리더는 자격을 갖추었다고 생각하는가?	
리더로서 역량이 있는가?	
리더로서 소통을 잘하는가?	
리더가 아닌 사람이 단체에 영향력을 발휘하는가?	
5항목 소계	

4. 법과 규정	
설립 근거가 되는 법을 알고 있나?	
설립 근거가 되는 법을 읽어 봤나?	
정관은 공개되어 있나?	
정관을 읽어 봤나?	
운영 규정을 알고 있나?	
운영 규정을 읽어 봤나?	
윤리 규정이 있나?	
윤리 규정을 읽어 봤나?	
법이나 규정을 잘 지키고 있다고 생각하나?	
9항목 소계	

5. 단체의 현황	
회원 수를 잘 알고 있나?	
회원을 충분히 확보하고 있나?	
사무국 직원은 몇 명인지 알고 있나?	
재산이 얼마나 되는지 잘 알고 있나?	
수입이 얼마나 되는지 알고 있나?	
5항목 소계	

6. 임원 선출	
임원 선출 규정이 있는가?	
임원 선출 규정을 읽어 보았는가?	
임원 선출 규정은 적시에 재검토하고 수정되는가?	
임원 선출 규정에 따라 선출되고 있다고 생각하는가?	
임원 선출이 공정하다고 생각하는가?	
5항목 소계	

7. 회장 및 상근 임원	
회장은 무보수 명예직인가?	
회장은 상근인가?	
회장이 상근이면 급여는 충분히 지급하는가?	
회장이 아닌 상근 임원이 있는가?	
회장이 아닌 상근 임원이 필요한가?	
회장과 상근 임원의 역할 분담은 적정한가?	
회장은 상근 임원에게 업무위임을 하고 있는가?	
비상근 임원과 상근 임원과의 협력은 잘되는가?	
상근 임원에 대한 이사회의 업무감독은 적절히 이루어지는가?	
9항목 소계	

8. 이사	
이사의 자격을 정하고 있나?	
이사의 자격은 적절한가?	
이사의 수는 몇 명인지 알고 있는가?	
이사의 수는 적정한가?	
이사는 회원을 대표하도록 다양하게 구성되었나?	
이사의 선임은 누가하는지 아는가?	
이사회에 외부의 전문가나 사외이사가 참여하는가?	
이사회는 협회 전반의 운영을 이해하고 통제하는가?	
이사회 결정 사항에 대한 이사의 책임 한계를 알고 있는가?	
이사의 직무나 소명을 알고 있나?	
이사의 직무 서약서가 있나?	
이사에 대한 교육 과정이 있나?	
이사의 직무에 필요한 교육을 받았나?	
이사회의 개최 시 안건은 통보되고 있는가?	
이사회 개최 장소는 적절한가?	
이사회의 개최 시기는 적절한가?	
이사회는 주기적으로 적절히 개최되고 있는가?	
이사회의 안건 내용은 적절한가?	
이사회는 민주적이고 평화적으로 운영되고 있는가?	
이사회는 파벌적으로 운영되지 않는가?	
20항목 소계	

9. 투명·윤리경영	
임직원에게 청렴 교육을 하는가?	
임직원에게 청렴 서약을 하도록 하는가?	
단체의 잘못을 신고하거나 고발하는 장치가 되어 있는가?	
단체의 잘못을 자체적으로 시정할 수 있다고 생각하는가?	
투명하게 경영하고 있는가?	
횡령이나 배임을 방지하고 있는가?	
임직원이 범죄를 저지른 적이 있는가?	
모함이나 무고의 사례가 없는가?	
잘못된 행위로 외부 감사나 조사를 받은 적이 있는가?	
주무관청으로부터 징계를 받았는가?	
감사는 수시로 재무회계 현황을 점검하는가?	
전문가의 회계 점검을 받고 있는가?	
임직원의 금품·선물 수수는 금지되고 있는가?	
단체는 내외부에 과도한 선물을 보내지 않는가?	
회계 담당자가 있는가?	
회계 감독자는 복수로 되어 있는가?	
회계 투명성은 확보되어 있는가?	
통장 잔고와 현금은 관리되고 있는가?	
수입 지출 현황은 수시로 감독자에게 보고되는가?	
업무추진비 지급 대상을 지정하고 있는가?	
업무추진비 지급액을 적정하게 정하고 있는가?	
업무주진비의 사용 기준을 정하고 있는가?	
업무추진비의 사용 내역을 공개하는가?	
23항목 소계	

10. 회원 서비스	
회원 서비스 전담자나 부서를 두고 있는가?	
회원 서비스 인력은 충분한가?	
회원 서비스 사업은 적정한가?	
회원이 참여하는 행사는 충분한가?	
회원에게 회원 명부 등을 제공하는가?	
회원의 사기 진작을 위한 프로그램이 있는가?	
회원에게 회원증이나 배지를 제공하는가?	
회원의 친목 활동을 위한 모임이 있는가?	
회원의 친목 행사는 주기적으로 개최하는가?	
회원의 불만이나 애로를 해결해 주고 있는가?	
회원의 만족도를 조사하고 있는가?	
회원의 만족도 조사는 주기적으로 이루어지는가?	
회원의 만족도 조사 결과를 공개하고 있는가?	
단체 운영에 회원의 의견이나 주장을 반영하는가?	
회원의 참여도를 높이기 위한 노력을 하는가?	
단체의 사업 추진 시 회원의 의견을 반영하는가?	
단체는 회원이 공동으로 참여하는 사업이 있는가?	
단체의 사업은 회원에게 도움이 되는가?	
단체는 회원의 역량 개발을 위해 노력하는가?	
회원을 위한 연수 시설이 있는가?	
회원을 위한 교육을 운영하는가?	
회원을 위한 휴양 시설을 제공하고 있는가?	
회원을 위한 복지 프로그램이 있는가?	
회원을 위한 상조 기금이 있는가?	
24항목 소계	

11. 의사소통	
단체장과 사무국은 소통하고 있는가?	
비상근 임원과 사무국은 협력하고 있는가?	
본회와 지회는 유기적인 협력을 하고 있는가?	
부서 간에 소통은 되고 있는가?	
4항목 소계	

12. 정부 관계	
단체의 주무관청을 알고 있는가?	
주무관청의 역할을 알고 있는가?	
주무관청과는 원만하게 협력하고 있는가?	
단체는 정치적인 활동을 금지하고 있는가?	
단체는 정부위탁 사업을 하는가?	
5항목 소계	

13. 사무국 관리·통제	
사무국을 적절히 관리하는가?	
사무국은 임무를 제대로 수행하는가?	
사무국의 인원은 충분한가?	
사무국의 업무는 평가되고 있는가?	
사무국 직원의 급여는 다른 협회보다 높은가?	
사무국 직원 채용은 공개적으로 이루어지는가?	
사무국의 승진이나 전보 등의 인사는 공정한가?	
직원에 대한 신상필벌은 제대로 이루어지는가?	
직원에 대한 복무 관리는 잘 이루어지는가?	
인사위원회는 운영되고 있는가?	
10항목 소계	

14. 성과 관리	
성과 기준이 있는가?	
임직원과 성과 계약을 하고 있는가?	
성과를 평가하고 있는가?	
성과 평가는 공정한가?	
성과 평가 결과에 대한 이의 신청이나 구제는 가능한가?	
성과에 대해 보상하고 있는가?	
성과 부진에 대한 조치를 취하는가?	
7항목 소계	

15. 홍보	
홍보 부서나 인력이 있는가?	
홍보를 위한 예산이 있는가?	
홍보 인력과 예산은 적정한가?	
홍보 수단은 다양한가?	
홍보 내용은 적절한가?	
언론과 협력하고 있는가?	
홍보는 효과가 있다고 생각하는가?	
홍보는 회원에게 도움이 되는가?	
홍보가 회원에게 전달되고 있는가?	
홍보가 특정인이나 이해관계에 치우치지는 않는가?	
사회공헌활동을 하고 있는가?	
사회공헌활동은 정기적으로 하는가?	
12항목 소계	

16. 회비 및 후원금	
회원의 납부 회비는 적정한 금액인가?	
회원은 자발적으로 회비를 납부하고 있는가?	
회비 수입은 충분한가?	
회비는 적절한 용도로 사용되고 있는가?	
회비 확충을 위한 노력을 하고 있는가?	
회원들은 회비 납부의 가치를 느끼고 있는가?	
특별 회비를 징수하고 있는가?	
단체는 후원금이나 기부금이 필요하다고 생각하는가?	
단체는 후원금이나 기부금을 요구한 적이 있는가?	
단체는 후원금이나 기부금을 강요한 적이 있는가?	
후원금이나 기부금을 납부한 적이 있는가?	
후원금이나 기부금은 영수증을 발급하는가?	
후원자나 기부자에게 예우를 해 주는가?	
단체는 후원금이나 기부금을 공개하는가?	
후원금은 목적대로 사용되는가?	
단체는 후원금이나 기부금의 사용 내역을 공개하는가?	
16항목 소계	

평가 결과 점수가

656점 80% 이상이면 전국 **최우수**입니다.

574점 70% 이상이면 매우 **우수**입니다.

492점 60% 이상이면 **우수**입니다.

410점 50% 이상이면 **양호**입니다.

1

협회·단체란
무엇인가

① 협회·단체 이해하기

개인이 여럿 모이면 모임이다. 모임과 달리 단체는 목적과 방법을 합의 수용하고, 조직의 형식을 갖추는 차이가 있다.

단체는 개인의 집합체다

사람은 사회생활을 하면서 자의든 타의든 여러 개의 단체를 접하게 된다. 우리가 흔히 접하는 학교, 병원, 정부 기관을 비롯해서 자신의

참여 의사에 따라 동문회, 향우회, 협회, 협의회, 중앙회, 조합, 연맹,
네트워크, 포럼 등 다양한 명칭의 단체에 참여한다.

단체를 구성하는 요소들

단체는 어떻게 구성되는가? 단체는 기본적으로 사람과 자산을 기초
로 설립된다. 임의단체는 별다른 제약이 없으나 법인이 되기 위해서는
법인을 구성하는 사람이나 자본, 법이나 규정, 법인을 운영하는 기관,
그리고 법인 허가와 등기의 다섯 가지를 갖추어야 한다.

| 법인의 다섯 가지 구성 요소 |

사람	자본	규정	기관	법인 허가
발기인, 회원	자본금, 출연금	정관, 규정	이사, 총회	법인격 인정

단체의 설립 초기에 공동의 목적을 가진 2인 이상의 발기인이 단체
설립을 추진하고 나중에 발기인 총회에 참석한 대부분이 회원이나 임
원이 된다. 이들이 마련한 자본금과 재단법인의 경우 출연금은 단체
의 설립과 초기 운영에 기초적인 자금이 된다.

사람이 모이고 돈이 모이면 규칙이 바로 서야 하는데 바로 정관과 규
정이 있어야 한다. 정관은 법적 요구에 의해 단체의 설립과 운영에 필
수 사항이다. 또한 다른 내부 운영 규정의 근거가 된다. 모든 회원이
단체의 경영에 참여하기는 쉽지 않다는 점에서 단체는 이사, 감사. 총
회 등의 기관과 의사 결정체를 가진다. 그리고 이러한 총체적 사항에

대한 법인 설립 허가를 통해서 구성을 완료하게 된다.

사람들이 단체의 구성원이 되는 경우

① 단체의 회장이나 이사와 같은 임원이 되는 경우

② 단순한 회원으로서 최소한의 권한과 의무를 가지고 참여하는 경우

③ 단체에 소속된 직원이 되는 경우

그렇다면 어떠한 단체의 구성원으로 참여해야 할까? 단체가 지녀야할 가장 중요한 덕목은 신뢰다. 단체가 구성원의 신뢰를 바탕으로 사회적으로 인정받아야 한다. 가장 보편적인 신뢰의 근거는 설립의 근거나 목적, 운영 체계 등을 법에 따라 정부로부터 허가를 받음으로써 공신력이 입증된 단체여야 한다. 법적으로 사람 즉 법인法人이 됨으로써 자연인自然人과 같은 지위를 얻고 법적 책임과 의무를 부여받게 되는데, 대부분 사람들은 이러한 단체의 구성원이 되고자 한다.

단체가 필요한 이유

　단체는 누군가의 필요에 의해 만들어진다. 당사자는 둘이다. 하나는 공동의 이해관계를 가진 민간 집단이고, 또 하나는 그 민간 집단의 목적에 동의하여 그 존재를 인정하고 활용하는 정부다. 즉 단체의 형성은 국가와 민간 두 당사자에 의해 이루어진다. 단체는 이와 같은 필요 당사자에 의해 ① 국가 주도 방식과 ② 민간 주도 방식으로 설립된다. 국가 주도는 국가가 정책 시행이나 정치적 목적을 위해 분야별 인구 집단을 대표하는 단체의 설립을 유도·허가·지원하는 것이다. 과거에 흔히 취해졌던 방식이다. 이 방식은 국가가 이들에게 '최초나 유일'의 수식어를 붙여 대표 단체의 위상을 세워 주고 각종 재정적, 행정적 특혜나 지원을 해 준다. 그리고 이들이 공익적 사업 목적을 갖고 활동하도록 한다.

　다른 유형은 현대에 보편화되고 있는 다원주의에 기초하여 일반국민 스스로의 목적을 달성하고자 단체를 만드는 것이다. 이 경우 단체는 자체 활동에 치중하게 되며 정부의 간섭이나 지원은 최소화된다. 어떠한 이유나 방식이든 단체는 정부의 설립 허가나 승인을 받고 운영 과정의 통제를 받는 대신 각종 지원이나 혜택을 받게 된다. 정부의 입장에서는 이러한 허가행위를 통해 단체를 제도권으로 유입하고 사회 공익에 기여하도록 할 수 있다.

개인에게 단체가 필요하다

개인이나 개별 단위의 조직은 자신의 권리 행사나 피해 방지를 위한 의사 표시나 주장을 관철시키는 데 한계가 있다. 단체 설립을 통해 집단화를 함으로써 여러 가지 기능을 누릴 수 있다. 단체는 법적·사회적 공신력의 확보와 네트워크 형성을 통한 상호 교류의 장으로서의 역할을 하는 것이다.

단체가 필요한 이유

① 정보와 자산을 공유한다.

② 규모의 경제를 실현하여 회원의 공동 이익을 추구할 수 있다.

③ 다수의 구성원으로 정치적 파워를 얻는다.

④ 사회적 지위 향상이 가능하다.

결과적으로 정부에 대해 특혜나 보호를 요청하거나 규제나 불이익, 타 집단과의 경쟁에서 우위를 차지하게 된다. 정부가 업무를 단체에 위임·위탁하는 경우 그 권한과 역할을 대신한다. 예를 들어 4차 산업혁명이 대두되면서 국제적으로 ICT, 4G, 인공지능, 빅 데이터 등의 분야에서 신생 기업이 등장하게 된다. 이들 기업군이 산업을 형성하고 그 업종 기업의 집합체인 협회·단체가 탄생하는 것이다. 이 과정에서 개별 기업이 정책의 당사자가 되기는 쉽지 않다. 정부 역시 정책 수립과 시행에서 개별 기업보다 대표성을 띤 집합체를 상대하는 것이 효율적이다.

한국항공협회의 근거법과 정관을 통해 단체의 필요성을 나타내는 사례를 살펴보자.

> 한국항공협회는 항공사업법 제68조에 따라 항공운송사업의 발전, 항공운송
> 사업자의 권익 보호, 공항운영 개선 및 항공안전에 관한 연구와 그 밖에 정부가
> 위탁한 업무를 효율적으로 수행하고자 협회를 설립 할 수 있다고 목적을 정하였
> 다. 이는 협회 정관에도 명시되어 있고 아울러 이러한 사업 시행으로 공동의 이
> 익을 증진함을 목적으로 정하였다.

또 하나는 특정 산업이 대외적으로 경쟁하거나, 시장 열위에 있는 경우, 외국의 정부 또는 기업과 분쟁의 경우 정부가 직접 나서기 어렵다. 따라서 민간 대표 단체를 통해 입장을 자유롭게 표명하거나 정부를 대신하여 지원할 수 있다. 한마디로 단체가 정부의 규제나 통제, 지원과 육성을 대신할 수 있는 것이다.

또 다른 관계도 있다. 단체는 집단의 목적을 정하고 이를 달성하기 위해 필요한 정책·사업·예산·권한을 정부와의 협상을 통해 얻어 내려고 한다. 단체는 근원적으로 회원을 대변하며 이익단체나 압력단체의 성격을 띠고 있으므로 시장에서 구성원의 이익을 위해 배타적인 행위도 마다하지 않는다. 담합과 카르텔의 결성, 집단행동, 정치적 성

향의 발휘 등을 수단으로 삼아 그 자체의 이익을 도모하게 된다.

이처럼 단체는 구성원과 정부의 중간자적 역할을 하면서 이해관계자의 상호 이익을 절충적으로 조정하는 것이다. 그러다 보니 단체는 정부의 입장을 지지하거나 옹호, 수행하는 관변단체이면서 회원의 입과 조직적 힘을 내세우는 압력단체의 이중적 성격을 갖추게 된다. 단체는 자신의 이익과 공공의 이익을 동시에 추구하는 점에서 그 필요성을 인정받는 것이다.

③
단체 설립의 이점

　법인은 책임과 의무도 주어지지만 다양한 장점과 혜택도 누릴 수 있다. 단체가 법인이 되려면 설립 절차가 복잡하고 설립 이후에도 책임과 의무가 따른다는 점을 알아야 한다. 관련법과 정관 등 객관적 '기준과 원칙'에 따라 운영될 것임을 검증받아야 한다. 즉 다양한 서류와 입증 자료를 준비하고 설립 절차를 밟아야 한다. 또한 법인 설립 이후에도 운영 과정에서 각종 사업과 의사 결정, 보고 등을 해야 한다. 내부 갈등이나 사건 사고, 주무관청의 조사나 감사, 언론의 질타 등도 힘든 부분이다. 그럼에도 수만 개의 단체가 각 부처의 공인을 받았다는 사실은 법인의 실효성과 현실적인 이점이 있다는 점을 말해 준다.

법인 설립은 장점이 많다

　단체는 자유롭게 임의단체로서 설립 운영될 수 있다. 그러나 개인이 회사를 만들어 운영할 수 있음에도 상당수가 법인 설립 허가를 받아 경제주체로서 존재감과 신뢰성을 확보하고 세제 혜택 등을 누리듯이 단체도 이와 같은 방식을 택한다. 법인은 법에 따라 정부의 허가를 득함으로써 내용과 형식 면에서 이점을 누릴 수 있다. 법인 허가 과정에서 그 목적, 구성 인력, 자산, 구조, 규정, 운영 원칙 등에 대한 검증 과정을 거치므로 최소한의 조직 안전성을 확보하게 되며, 법적 지위, 정통성, 명분을 인정받는다. 또한 구성원과 제3자에게 신뢰를 준다. 회장을 비롯한 구성원에게는 지위와 명예를 제공한다.

법인과 법인이 아닌 단체의 차이 요소

- 허가 및 관리 통제
- 설립의 법적 근거와 법인 구분에 따른 명칭
- 공공성에 대한 책임과 의무
- 대외적인 이미지
- 법인 임원의 지위와 명예
- 회원의 조직 신뢰와 충성도
- 신뢰성 제공
- 정부의 예산, 세금 감면, 사업 위탁 등 지원

법인이 되면 기부금의 모집도 유리하다. 기부금품의 모집 및 사용에 관한 법률(기부금품법)에서는 1000만 원 이상의 기부금품을 모집하기 위한 등록 신청 서류로써 공인 단체 증명과 주무관청의 추천서를 요구한다. 또한 신청 이후에는 법인등기사항증명서와 모집 능력과 자산, 신용 정도를 확인하는데 이에 유리하다. 공익법인에 출연한 재산은 상속 및 증여세 감면을 받는다. 상속세 및 증여세법 제16조는 상속 개시일 6개월까지 공익법인 등에 출연하는 의결권 있는 주식 또는 출자지분에 대해 상속세 과세가액으로 산입하지 않도록 하고 있다. 특히 개별법에 의한 법정 단체는 설립 단계에서부터 허가 조건이나 존립 등에서 특혜를 받는다. 국가나 지방자치단체의 독점사업을 수행함으로써 어느 정도의 수익성을 보장받는다.

쉬어 가기

한국 최초의 협회는 독립협회다. 『조선왕조실록』에 의하면 1896년(고종 33년) 7월 독립협회가 등장한다. 외세에 반대하는 개화파의 자주독립과 개혁을 기치로 근대적인 사회정치 단체로 출범했다. 미국에서 돌아온 서재필이 1896년 4월 7일(후에 신문의 날로 정함) 『독립신문』을 창간하여 민주·민권 사상의 보급에 성공하였다. 날로 영향력이 커

서재필과 독립협회 회원들

출처: 한국민족문화대백과

지자 이상재·이승만·윤치호 등과 정부 측의 이완용·안경수 등이 참여하여 협회를 설립하였다.

고종은 이를 지원했다. 모화관(중종 때 중국 사신을 영접하던 회관)을 독립관으로 개칭하여 협회에 사용토록 했고, 11월에는 영은문(사신 영접 장소)자리에 독립문을 세웠다. 이는 자국의 주권과 황제의 권위를 확립하고 독립 정신을 고취하려는 개화파와 국가의 지향점이 일치했기 때문이다. 개화파는 아관파천(1896년 2월)으로 러시아 공사관으로 피신해 머물던 고종을 1897년 2월 환궁하도록 했고 정부의 개혁안을 제시하는 등 나름대로 영향력을 발휘했다.

그러나 힘이 세진 협회는 외국인과 외국 자본에 대한 경계심을 일깨우는 상소를 올려 러시아 군사고문관을 내보내고 한로은행도 폐쇄토록 하였다. 나아가 1898년 종로 광장에서 만민공동회를 개최하고 '헌의 6조'(외국의존, 외국과 조약은 사전 동의, 예·결산공포, 피고인권 보호, 관료 임명 시 정부 과반수 동의, 규정 실행)의 결의와 실행을 고종에게 청하였다.

정부 정책과 관료의 인사 문제에 개입하고, 대중을 모아 여론을 조성하는 등 정부와 대립각을 세우자 대신들이 반발하고 이들의 탄핵을 외치는 목소리가 커지면서 협회는 주변의 강한 견제에 봉착했다. 정부의 수뇌부는 독립협회가 "황제를 폐하고 공화제를 실시하려 한다."라며 반격했다.

이에 정부는 이상재 등 17명의 협회 간부를 체포토록 하자 협회는 회원총동원령을 내려 석방을 요구했다. 결국 11월 10일 17인을 석방하였다. 정부는 1898년 6월 30일 수구파 중심의 어용단체인 황국협회를 만들고 이들의 중심 세력인 전국의 부보상(봇짐장수) 수천 명을 불러올려 독립협회원에 테러를 가했다. 사태가 커지자 고종은 내각 개편과 양 협회의 해산을 명하였다. 그 후에도 협회를 둘러싼 상소는 거듭되었다.

순종이 즉위한 후 각종 협회에 대한 지원은 확대되었다. 순종은 황태자 시절 독립협회가 출범할 때에 많은 도움을 주었다. 1898년 10월 23일 중추원 의관 윤치호 등이 올린 상소문에 "황태자께서 협회에 재물을 내려 주고 현판을 내걸게 했으니 진실로 공인된 것입니다."라며 고종에게 독립협회의 정당성을 주장했다. 『조선왕조실록』에서는 순종이 한만실업협회에 금 500원, 제국비행협회에 사업보조금 500원, 조선체육협회에 금 150원, 서화협회에 금 100원을 하사하는 등 협회를 지원하는 기록이 다수 등장한다.

고종실록, 협회를 말하다

1898년(고종 35년) 10월 4일 전 승지 이최영은 "독립협회는 나라에 충성하는 성의로써 특별히 협회를 만들었으나 조정을 비방하고 왕께 간하는 신하들을 제거하고 핍박하려 합니다. 협회는 감히 1품 재신宰臣을 불러내고 내치고 할 수 있으며 어찌 수천 명을 집결시킨단 말입니까? 나라 기강은 해이해지고 백성들의 습속은 해괴해질 것이니 폐하께서는 협회를 혁파시키고, 회원들의 경박하고 잡스런 말을 엄금하소서." 하니 "잘 알았다." 하였다. 10월 6일 성균관교수 경현수 등이 다시 협회 폐지를 주장했다.

1898년 10월 20일 고종은 "외국에는 '협회'와 '국회'가 있다다. '협회'는 백성이 사적으로 설치하여 공동으로 일하는 모임이고, '국회'는 나라가 국민의 이해 관계를 논하고 정한다. 우리 협회는 처음에 개명과 진보에 일조했으나 정부령을 따지고 출척(사람의 등용과 배척)에 참여하니 협회 규정이 아니다. 심지어 모임을 열며 상소 후에도 대궐에 머물며 대신을 협박하는 등 통제가 안 되니, 국회도 이런 권한이 없는데, 협회야 말할 것이 있겠는가? 한심하기 그지없다. 오늘부터 협회의 치안을 방해하는 자는 엄금하라. 통상적 토론은 허하되 백성의 지식 발전에 효력이 있게 하라." 하였다.

그러나 고종은 협회를 두둔하였다. 협회가 무단 집회를 열어 처분을 당하게 되자 내부대신, 경무사, 한성부 판윤 등에게 그 책임을 물었다. 협회 해산 이후 협회와 대신들이 갈등에 인내의 한계를 느꼈던지 협회를 옹호하지 않았다. 이후 대신들과 협회가 끊임없는 상소와 비난을 거듭하자 고종은 11월 4일 협회를 모두 해산토록 했다.

④
다양한 종류의 단체

박 대표는 얼마 전 같은 업종의 대표들과 대기업의 시장 잠식에 공동으로 대처하고자 모임을 만들었다. 8명이 시작한 모임은 어느덧 20여 명이나 되었다. 이를 알게 된 50여 명의 사장들도 합류할 뜻을 비쳤다. 오늘 모임에서는 단체를 만들려고 한다. 어떤 종류의 단체가 있는지 알아보고 결정할 것이다.

단체를 구분하는 기준이 있다

어떤 종류의 단체가 있는지 알아보자. 단체는 ① 법인 여부와 ② 영리 여부의 두 가지 기준으로 구분한다. 명칭이 비슷한 단체라 하더라도 법적 근거와 성격에 따라 단체의 위상은 크게 다르다. 우리가 관심을 갖는 단체는 설립이나 운영이 자유로운 임의단체보다는 법에 따라 정부의 허가를 받은 법인이다.

단체를 구분하는 기준은 다음과 같이 다양하다.

- 법적 근거(설립의 근거)

- 허가주의(법인 설립 시 허가, 등록, 신고 등의 절차 여부)

- 영리 목적성(비영리는 목적사업의 수익 사업만 가능)

- 세법상 혜택(세금 공제가 가능한지의 여부)

- 관리 감독의 정도(주무관청: 보고·승인, 해산권)

단체는 '법인'과 '법인이 아닌 단체'로 나뉘며 법인이 아닌 단체는 법인을 제외한 단체를 말한다. 구분의 기준은 법적인 근거, 주무관청의 설립 허가나 등록·신고 등의 절차를 거쳤는가의 여부에 있다. 가장 먼저 민법을 살펴보면 민법상의 법인은 비영리법인으로서 사단법인과 재단법인으로 구분하고 영리법인은 상법상의 회사(주식회사, 유한회사, 유한책임회사, 합명회사, 합자회사)를 준용하고 있다. 민법 외에 개별법에 의한 법인들이 있다. 예를 들면 협동조합기본법에 의한 조합, 공익법인 설립에 관한 법률에 의한 공익법인, 기타 관련법에 의한 의료법인, 학교법인, 사회복지법인 등이 개별법에 의해 설립된다.

| 단체의 구분 |

법인	공법인	지방자치단체	시도, 시군구
		공공단체	농협, 상공회의소
		영조물법인	공사, 공단, 공기업 등
		공법상재단	학술진흥재단, 한국학중앙연구원
	사법인	영리법인	회사, 조합
		비영리법인	사단법인, 재단법인, 특별법인, 공익법인, 사회적 협동조합
법인 아님	법인이 아닌 사단		개인회사, 종중, 교회, 동창회 등
	법인이 아닌 재단		유치원, 장학재단 등

법인은 공법인과 사법인으로 구분된다. 공법인은 정부나 지방자치단체가 설립 또는 운영에 관여·참여하며 공공단체, 공기업, 공공조합, 특수법인 등을 망라한 것이다. 사법인은 회사, 사단 및 재단, 조합 등이 해당된다.

공법인의 특징은 기관 설립이 사법인에 비해 자유롭지 못하고 동일 분야에서 단독법인이며 면세나 보조금교부, 공권을 부여받는 등의 특혜를 가진다. 공법인과 사법인의 가장 큰 차이는 과오에 대한 소송시 공법인은 행정소송의 대상이 되고 사법인은 민사소송의 대상이 된다. 또한 공법인은 국가배상을 하며 시효는 5년인 반면 사법인은 불법행위에 대한 책임을 지며 10년이다. 활동에서는 그다지 큰 차이기 있지 않다.

법인과는 별도로 법인이 아닌 단체가 있다. 영리가 목적이나 법인이 아닌 개인회사와 '법인이 아닌 사단·재단·조합'이 있다. 이들의 특징은 실체는 법인과 별다른 차이가 없지만 법인으로 허가를 받지 않았다는 점이다. 하지만 세법상 필요에 의해 '법인으로 보는 비영리단체'로 분류된다.

🔗 비영리법인의 유형

우리나라 협회나 단체의 대부분은 민법상의 비영리법인이다. 일반적으로 비영리법인은 민법 제 32조(비영리법인의 설립과 허가)에 "학술, 종교, 자선, 기예, 사교 기타 영리 아닌 사업을 목적으로 하는 사단 또는 재단은 주무관청의 허가를 얻어 이를 법인으로 할 수 있다."라는 조항에 근거를 두고 있다. 그리고 제39조에는 영리법인을 정하고 있다. 민법 이외에도 개별법에 설립취지와 목적에 따라 태생적 근거와 유형을 정하고 있다.

| 비영리법인·단체의 구분과 법적 근거 |

단체구분	설립 및 인정근거법률
비영리민간법인	민법 제32조 사단법인, 재단법인
비영리민간단체	비영리민간단체지원법 (법인도 등록가능)
사회적 협동조합(법인)	협동조합기본법
공익법인	공익법인의 설립운영에 관한 법률 (민법을 보완하고 사단·재단법인만 허용)
공익법인 등 지정기부금단체	법인세법(공익법인 등을 기부금단체 지정)
법정단체, 특수법인	개별법(학교·의료·사회복지 등)
비영리내국법인	법인세법
법인으로 보는 단체	국세기본법 (법인설립은 아님)
공직유관단체	공직자윤리법
공익단체(기부금대상민간단체)	소득세법 (비영리민간단체만 지정 가능)
기부금품모집등록자	기부금품모집 및 사용에 관한 법률

하나의 비영리법인만을 유지할 필요는 없다

법인이나 법인이 아닌 단체가 서로 전환이 가능하다는 점도 알아야 한다. 즉 법인이 법인 아닌 단체로 되거나 법인이 아닌 단체가 법인으로 전환하는 것이다. 비영리법인이 '비영리민간단체'로 등록이 가능하며, 법인 여부와 관계없이 기부금품 모집 등록 단체나 공익법인으로 지정받을 수 있다. 또한 법인이 아닌 단체를 설립하고 사후적으로 법인 전환을 할 수 있다. 사단법인과 공익법인은 신청서류나 요건이 다르지만 동시에 두 개의 법인격을 허가·등록하는 방법도 있다.

1) 민법의 비영리법인은 사단과 재단

민법에 의한 비영리법인의 대표적인 두 가지 유형이 사단법인과 재단법인이다. 두 법인의 근본적인 차이는 ① 사단은 사람으로 구성하고, 재단은 재산으로 구성한다는 점이다. 또한 사단법인은 상법상의 회사와 같은 영리법인도 있지만 ② 재단법인은 비영리법인만 허용한다. ③ 사단은 사원 총회가 의사 결정을 하지만 재단은 사원 총회가 없으므로 설립자가 의사 결정을 하게 된다. 또한 ④ 사단법인은 스스로 해산이 가능하지만 재단법인은 임의 해산이 불가능하다. 두 비영리법인의 구체적인 내용과 차이점을 살펴보자.

	사단법인	재단법인
구성요소	사람	출연재산
법인형태	영리 및 비영리 가능	비영리만 가능
설립행위	2인 이상 설립자가 정관을 작성하여 주무관청의 허가	설립자가 재산을 출연하고 정관을 작성하여 주무관청의 허가
정관변경	총회결의, 주무관청허가	정관에 변경근거, 주무관청허가
법인기관	사원 총회의 의사 결정	설립자의 의사
법인해산	임의 해산 가능	임의 해산 불가

사단법인은 사람중심

우리나라 협회나 단체의 약 70% 이상은 민법상의 사단법인이다. 사단법인의 설립은 2명 이상이 법인의 근본 규칙을 정한 후 이를 정관에 기재하고, 주무관청의 허가를 받은 후 법인등기를 해야 한다. 법인의 목적이 두 개 이상, 예를 들어 학술과 자선을 목적으로 하는 경우의 법인을 설립하려면 교육부와 보건복지부의 허가를 각각 받아야만 한다.

사단법인은 정관에 의해 운영되며 의사 결정은 사원 총회를 통해서 이루어진다. 사원 총회에서는 임원 선출, 재산 변동, 정관 변경, 임의해산 등의 중요한 의사 결정을 한다. 사단법인은 임의 해산이 가능하며 사원이 없게 된 경우나, 목적을 달성했거나 달성하지 못한 경우 등의 사정에 의해 사원 총회의 결의로써 해산할 수 있다. 또한, 설립 기간의 만료나 그 밖의 정관에 정한 해산 사유의 발생, 파산 또는 설립허가의 취소로 인해 해산된다.

재단법인은 재산이 중심

재단법인은 비영리법인의 설립만 허용된다. 재단법인은 특정한 목적에 바쳐진 '재산'으로서 주무관청의 허가를 받아 설립된 법인을 말한다. 출연한 재산이 필수 요소이고 사원을 필요로 하지 않는다. 의사 결정은 설립자가 정한 정관에 따라 이루어진다. 설립하고자 하는 재단법인은 일정한 목적 및 조직을 가져야 하며, 설립 의사와 함께 일정한 재산을 출연出捐(기부나 증여)한다는 의사를 정관에 기재하고, 주무관청의 허가 및 법인등기를 해야 법인으로 성립된다. 재단법인은 생전처분 또는 유언으로 설립할 수 있다.

재단법인은 임의로 해산할 수 없다. 다만, 재단법인의 존립기간의 만료, 법인의 목적의 달성 또는 달성의 불능 그 밖의 정관에 정한 해산 사유의 발생, 파산 또는 설립 허가의 취소로 해산된다.

2) 정부가 지원하는 비영리민간단체

비영리민간단체는 비영리민간단체지원법에 의해 국가나 지방자치단체의 지원을 얻고자 하는 단체가 요건을 갖추어 행정안전부나 시도지사에게 등록하면 된다. 비영리법인과 달리 주무관청의 허가와 법원등기를 하지 않는다. 비영리법인은 비영리민간단체로 등록이 가능하며 반대의 경우도 가능하다.

비영리단체의 등록요건

- 사업의 직접 수혜자가 불특정 다수일 것

- 구성원 상호 간에 이익 분배를 하지 아니할 것

- 정치적 활동(특정 종교나 정당, 선출직 후보 지지, 지원, 반대)

- 상시 구성원 수가 100인 이상일 것

- 최근 1년 이상 공익활동 실적이 있을 것

- 법인이 아닌 단체일 경우에는 대표자 또는 관리인이 있을 것

비영리민간단체에 대한 지원은 다음과 같다.

① 행정지원 해당 사업 관련된 공공기관에 업무 협조를 요청할 수 있다.

② 재정 지원 공모와 심사를 거쳐 공익활동사업에 대한 소요 경비의 일부 또
는 전부를 행정안전부 장관 또는 시·도지사로부터 지원받을 수 있다. 단체
의 공익활동을 위한 우편물 중 우편 요금 별·후납의 경우는 우편 요금의
100분의 25를 감액받을 수 있다.

③ 기부금대상민간단체(소득세법시행령 제80조 제1항 제5호)에 기부자는 소득금
액의 30% 내에서 손비를 인정한다. 지정 유효기간은 5년, 만기 시 재신청.

3) 사회적 협동조합이 대세

협동조합은 설립이 제한되어 왔다. 개별법에 의한 농수산이나 소비
자, 중소기업 분야의 8개 협동조합 이외에는 사실상 설립이 막혀 있

었으나 2012년 협동조합기본법이 제정되면서 자유롭게 설립이 가능해졌다. 또한 영리 목적의 조합뿐만 아니라 비영리 목적의 사회적 협동조합을 설립할 수 있게 하였다.

협동조합기본법에 따르면 영리성을 기준으로 협동조합과 사회적 협동조합으로 구분하며 단위체를 기준으로 조합과 조합연합회로 구분한다.

영리 목적여부에 따라,

① 협동조합은 영리법인으로 재화 또는 용역의 구매·생산·판매·제공 등에 협동하여 조합원 권익 향상과 지역사회 공헌하는 사업 조직이며

② 사회적 협동조합은 지역주민들의 권익·복리 증진과 관련된 사업이나 취약 계층에 사회 서비스나 일자리를 제공하는 비영리 목적의 협동조합이다.

③ 두 종류의 조합과 달리 조합의 연합체인 협동조합연합회, 사회적 협동조합연합회, 이종협동조합연합회가 있다. 단위사업체가 모인 조합을 엮은 중소기업중앙회나 단위업종별 중앙회가 있다.

| 협동조합과 사회적 협동조합의 비교 |

구분	협동조합	사회적 협동조합
법인격	영리법인	비영리법인
설립	시도지사 신고	기획재정부(관계 부처) 인가
사업	전 업종·분야 (금융 및 보험업 제외)	공익사업 40% 이상 수행 (국가·지자체 위탁 사업)
법정 적립금	잉여금의 10/100 이상	잉여금의 30/100 이상
배당	배당 가능	배당 금지
청산	정관에 따라 처리	비영리법인·국고 등 귀속

사회적 협동조합은 기획재정부(관계 부처)의 인가를 받게 되어 있으며 공익사업을 40% 이상 수행하고 국가나 지방자치단체의 위탁 사업을 수행하도록 되어 있다. 또한 법정 적립금을 잉여금의 30% 이상 하도록 되어 있고 이익금이나 유보금의 배당이 금지된다. 청산의 경우 국고 등에 귀속된다는 점에서 일반적인 협동조합과 다르다.

4) 공익법인은 학술과 자선이 목적

공익법인은 '공익법인의 설립운영에 관한 법률(공익법인법)'에서 정한 법인이다. 민법 제32조의 비영리사단법인과 재단법인의 공익사업부분에 대해 보다 엄격하고 자세한 규정을 담았다. 자선사업을 목적으로 하는 사단·재단 법인이라 하더라도 공익법인법에 의거 허가받은 법인이 아니라면 공익법인이라 할 수 없다.

공익법인은 학자금·장학금 또는 연구비의 보조나 지급, 학술·자선에 관한 사업을 목적으로 하였다. 각종 세제상의 혜택과 강화된 감독을 받도록 하는 법인이다. 공익법인은 주무관청이 감사추천, 상근 직원정수의 승인, 이사회소집 승인, 장기차입 허가, 기본재산 처분에 따른 신고 및 정관 변경허가 등에 대한 권한을 가지고 있다.

| 민법과 공익법인법의 법인비교 |

항목	민법상 비영리법인	공익법인법상 공익법인
정관사항	7개 항목을 기재	11개 항목을 기재
신청대상	임의단체, 비영리단체	사단법인, 재단법인
임원	이사 등 정관에 정함	이사 5~15명, 감사 2명, 임기 4년 이내, 연임 가능 구체적으로 법에 정함
허가	주무관청의 허가	주무관청의 허가
목적	학술, 종교, 자선, 기예, 사교 기타 영리 아닌 사업	학자금·장학금, 연구비 보조·지급, 학술·자선, 유공자 시상
감독	약함	강함

5) '공익법인 등'의 지정기부금단체 지정

'공익법인'과 '공익법인 등'은 다르다. 공익법인은 공익법인의 설립운영에 관한 법률(공익법인법) 근거하여 주무관청의 설립허가를 받는 단체다. 이와는 별도로 '공인법인 등 지정기부금단체'는 주무관청의 법인설립허가를 받은 비영리법인, 비영리외국법인, 사회적 협동조합, 공공기관(공기업은 제외함) 또는 법률에 따라 설립 또는 등록된 기관 등을 법인세법 시행령 제39조제1항제1호 바목에 따라 국세청장(관할 세무서장)이 추천하고 기획재정부장관이 지정한다. 이들 지정기부금단체는 다양한 기부금을 받을 수 있으며 기부금에 대한 세금 공제의 혜택을 받게 된다. 하지만 엄격한 사후 관리를 받는다. 공익법인 등은 기획재정부가 매분기별로 관할 세무서의 추천을 받아 지정요건을 검토한 후 지정하는데 508개(2021년 6월 말)가 지정되어 있다. 분기별로 약 30개가 지정기간만료에 따른 재지정을 받으며 신규 지정은 40여 개로 대부분 지방자치단체의 허가법인이다.

6) 기타 단체

기타의 비영리법인은 별도의 법에 의해 특수한 목적으로 설립되는 공익법인, 사회복지법인, 의료법인 등이 있다.

① 개별법에 의한 법정단체, 특수법인

특수법인은 개별법에 의해 목적 사업을 수행하는 법인이다. 비영리법인의 약 3%를 차지하고 있다. 학교법인이나 의료법인 사회복지법인, 대한적십자사, 변호사협회나 건축사협회와 같은 직능단체를 비롯하여 중견기업연합회나 여성경제인협회 등이 개별법에 설립 근거와 목적 사업, 지원내용 등을 정하고 있다. 이들 법인은 개별법에 정한 내용을 제외하면 설립 절차나 운영에 관한 내용은 상당 부분 민법이나 공익법인법의 적용을 받는다.

② 정부의 영향을 받는 공직유관단체

협회나 단체 중에서 '공직유관단체'로 지정된 단체가 있다. 공직유관단체는 정부의 재정 지원 또는 임원 선임 등의 승인을 받는 기관·단체를 지정하는 제도다. 인사혁신처 공직자윤리위원회가 운영하며 공직자윤리법에 근거하고 있다. 총 1,334개(2021. 6. 30.)가 지정되어 있으며 「공직자의 이해충돌 방지법(이하 이해충돌방지법)」이 적용된다.

주로 '법정기관'인 공기업이나 공사가 있으며 '지정기관'으로는 중앙 또는 지방자치단체에서 인사에 관여하는 기관 단체가 있다. 벤처기업협회나 대한 노인회 등 정부에서 연 10억 원 이상 지원받거나 대한건설협회나 전국재해구호협회 등 연 100억 원 이상 위탁 사업을 수행한 기관 단체, 정부나 지자체가 출자나 출연한 기관, 기타 공공기관이 해당된다.

공직유관단체로 지정된 기관 및 단체에 대한 공직윤리제도의 적용 사항은 ① 재산 등록 의무 부여(상근 임원 이상) 및 등록재산 공개(기관장, 부기관장, 상임감사 등 일부 임원), ② 퇴직자에 대하여 업무 관련성 있는 취업심사대상기관에 취업제한, ③ 직무와 관련하여 외국(인)으로부터 수령한 선물 신고 등이다.

③ 법인세법의 비영리내국법인

법인세법 제2조(정의)에 의한 '비영리내국법인'은 국내에 있는 법인으로서 ① 민법 제32조의 비영리법인, ② 특별법에 따라 설립된 민법 제32조의 목적과 유사한 목적의 법인, ③ 국세기본법의 '법인으로 보는 단체'를 비영리내국법인으로 정의하고 있다. 비영리내국법인은 법인세 과세소득에서 청산소득을 제외하고 ① 각 사업연도의 소득과 ② 토지 등 양도소득을 과세 대상으로 한다. 사업연도의 소득은 소득세법 상의 이자 소득, 배당소득, 자산양도수입 그리고 출자지분의 양도수입, 자산처분수입에 한정한다.

④ 국세기본법의 법인으로 보는 단체

국세기본법 제13조(법인으로 보는 단체 등) 제1항은 ① 법인이 아닌 사단, 재단, 그 밖의 단체를 "법인 아닌 단체"라 하며 국세기본법과 세법을 적용한다고 되어 있다. 그 조건은 수익을 구성원에게 분배하지 않고 ① 주무관청의 허가 또는 인가를 받아 설립되거나 법령에 따라 주무관청에 등록한 사단, 재단, 그 밖의 단체로서 등기되지 아니한 것. ② 공익을 목적으로 출연出捐된 기본재산이 있는 재단으로서 등기되지 아니한 것으로 하고 있다.

단체의 조직과 운영 규정을 가지고 대표자나 관리인을 선임하고 있으며 단체계산과 명의로 수익과 재산을 독립적으로 소유·관리하고, 단체의 수익을 구성원에게 분배하지 않으면 대표자나 관리인이 관할 세무서장에게 신청하여 승인을 받은 경우는 법인으로 보아 국세기본법과 세법을 적용한다.

⑤
우리나라 단체 현황

    비영리법인은 중앙부처나 그 산하기관, 지방자치단체에서 설립 허가를 하며 설립 이후에는 허가기관의 관리 감독을 받는다. 허가부처는 중앙부처로써 감사원등 2원, 국가보훈처 등 4처 공정거래위원회 등 7개 위원회, 기획재정부등 18개 부, 그리고 국세청등 18개청 등 49개의 중앙부처가 있다. 또한 이들로부터 위임을 받은 산하기관이나 지방조직, 지방자치단체가 있다.

| 비영리단체 현황 |

단체명칭	단체 수(개)
비영리법인	37,000
사회적 협동조합	3,624
비영리민간단체	15,458
공익법인 등	41,544

* 통계는 2022년 3월 10일 기준으로 각종 인터넷에서 인용함. 일부 다를 수 있음.

이들 중앙부처에서 허가를 받아 설립된 비영리법인은 주로 사단법인, 재단법인, 공익법인, 특수법인이 있다. 전체 기관으로부터 허가를 받은 비영리법인은 약 3만 7,000개에 이른다. 허가 건수는 부처별로 많은 차이를 보이며, 이는 부처의 업무 성격, 관할하는 집단이나 인구의 수에 따라 다르다. 2021년 통계로 살펴보자. 업무 분야가 다양하고 이해 당사자의 수가 많으며 조직화가 잘되는 집단을 관할하는 부처가 그렇지 않은 부처보다 상대적으로 많다.

과학기술정보통신부는 1,110개, 산업통상자원부는 1,063개, 교육부의 경우는 본부의 허가를 받은 법인이 44개와 지방교육청의 허가를 받은 법인 1,999개 등 2,000여 개가 넘는다. 문화체육관광부의 경우는 본부 1,536개에 지방은 4,157개 등 무려 5,693개에 이른다.

반면 특정 분야나 조직화가 어려운 집단의 관할부처는 법인 허가가 그리 많지 않다. 국방부의 경우는 113개, 법무부 239개, 여성가족부 255개, 해양수산부 342개, 기획재정부는 246개에 불과하다.

주무관청의 허가를 받은 비영리법인은 대부분이 사단법인이고 그다음이 재단법인, 특수법인, 공익법인의 순이다. 아래는 산업통상자원부의 법인 유형별 분포를 나타낸 것이다.

산업통상자원부의 경우 비영리법인 1,063개중 사단법인이 900개로 84.7%를 차지하며 나머지는 재단법인이 127개, 특수법인이 31개, 공익법인은 5개다. 약간의 차이는 있지만 다른 부처도 이러한 비율의 분포를 보이고 있다. 반면 업무 성격이 다른 보건복지부의 산하기관인 한국지역자활센터의 단체회원을 법인 유형별로 살펴보면 다음과 같다.

지역자활센터 법인 유형별 현황			
법인	지역자활센터 수	법인	지역자활센터 수
종교법인	16	협동조합	12
사회복지법인	90	재단법인	32
시민단체	20	사단법인	62
지자체	12	학교법인	7
기타	9	합계	250

일반적으로 사단법인이 70%를 차지하는 다른 부처와 달리 보건복지부 산하의 지역자활센터의 법인 유형은 사회복지법인이 36%로 가장 많다. 그리고 사단법인과 재단법인이 각각 21%와 13%를 차지한다. 이처럼 법인 유형의 점유 비율은 허가부처의 업무 성격에 따라 다르다.

이는 경제나 산업 분야의 비영리법인과 달리 사회 분야의 단체 현황에서도 나타난다. 사회적 협동조합(2022. 2.)의 경우는 대부분이 서민을 위한 단체가 주를 이룬다. 사회적 협동조합은 약 3,600개가 있으며 절반이 서울·인천·경기에 몰려 있다. 분야별로는 보건복지부 관련 38.4%로 가장 많다. 이중 상당수는 사회복지 서비스 분야가 차지하고 있다. 그리고 교육부관련 교육 서비스업 분야가 15.2%, 고용노동부 9%, 문화체육관광부 7.6%, 국토교통부 6.1%의 순이다.

법인 설립 요건을 갖추지 않고 단체로서 등록한 비영리민간단체도 주로 자원봉사와 기부 등 나눔의 문화가 확산되면서 그 수가 꾸준히 늘어나고 있다. 비영리민간단체는 1만 5,458개(2021년)로 매년 350~400개가 증가하고 있다. 중앙부처는 1,733개로 전체의 11.2%를 차지하며 부처별로는 행정안전부 279개, 보건복지부 202개로 가장 많으며 통일부 195개, 외교부 188개, 환경부와 문화체육관광부 각 182개, 여성가족부 111개의 순이다. 7개 부처가 1,399개로 80.7%를 차지하고 있다. 경제부처나 산업부처 등은 매우 적다.

반면 지방자치단체가 1만 3,725개로 전체의 88.8%를 차지하고 있다. 지역별로는 서울과 경기가 2,356개, 2,384개로 34.5%,를 차지하고 있으며 전북 1,038개, 부산 904개, 경북 883개로 뒤를 잇고 있다.

공익법인은 4만 1,544개로 종교 보급이 2만 1,375개로 가장 많고 사회복지 4,519개, 학술 창작 4,985개, 교육 사업 1,844, 예술 문화 1,743개, 의료 목적이 1,135개다.

자산 규모별로는 1만 953개의 단체 중 44%가 자산 규모가 10억 원 이하, 20%가 100억 원 이상의 자산을 가지고 있다. 기부금이나 보조금, 회원 수입의 경우에는 각각 연간 3억 원 이하가 대부분을 차지하고 있다. 기부자의 42%가 개인이며 영리법인과 모금단체 등이 각각 24%와 12%를 차지하고 있다.

협회·단체에
비전을 심어라

①
처음부터 끝까지 목적을 생각하자

단체의 목적은 단체의 설립 근간이 되는 관련법이나 정관에 명시되어 있다. 이처럼 단체들이 목적을 명문화하고 있음에도 실제 경영에서 이를 반영하고 있는지는 의문이다. 목적은 정말 중요하다. 단체가 무엇을 위해 있고 왜 일하는지 알아야 그에 따른 비전과 목표, 전략과 실행 과제가 제대로 이어지기 때문이다. 목적을 정하는 이유는 아래의 질문과 같이 목표와 전략, 주체, 실행 방법을 엮어 낼 수 있기 때문이다.

① 무엇을 위해 존재하는가?

② 목표는 명확한가?

③ 실행 전략이 있는가?

④ 누가 할 것인가?

⑤ 수단과 방법은 적절하게 마련되었는가?

무엇을 위해 존재하는가의 '무엇'이 바로 목적이다. 목적은 어떤 일

을 통해 이루려고 하는 '무엇'이며 일을 하는 이유를 말한다. 단체의
목적은 두 가지다. 내부적으로는 회원을 만족시키는 것이고 외부적
으로는 일을 통해 사회적으로 기여하는 것이다. 단체의 정의에서 언
급했듯이 단체란 '공동의 관심과 이해관계'를 가진 자들의 집단이라고
했다. 회원은 단체가 자신을 위한 역할을 해 주고, 대외적인 명분과
실리를 취해 주기를 바란다. 일반적으로 단체들이 정관에 정하고 있
는 목적은 다음의 두 가지로 요약된다.

① 회원에 대해 품위 유지, 소통 강화, 협력 증진, 권익 보호

② 단체의 특성에 맞는 역할로 경제·산업 발전, 국민의 인권, 건강·복리 증진

결과적으로 위의 ①과 ②를 달성하는 것이 단체의 목적이다.

| 단체의 목적 |

단체명	목적
대한건설협회	① 건설 사업자의 품위 보전과 협력 증진 및 권익 옹호 ② 건설업 관련 제도, 시책 개발 및 건의, 건설 기술 향상을 통한 　건설업의 육성 발전
대한건축사 협회	① 회원의 품위 보전 및 권익 증진과 친목 도모. ② 건축에 대한 국민의 이해 증진, 쾌적한 도시·건축 환경 조성, 건축 　문화 발전 및 건축 기술의 향상과 미래 건축의 연구 지원으로 국제 　경쟁력을 강화
소상공인 연합회	① 소상공인의 권익을 대변과 경제적 지위 향상 기여 ② 국민경제의 균형 발전을 도모
대한축구협회	① 회원을 지원·육성하고 우수한 선수를 양성 ② 축구 보급을 통한 국민의 체력 증진 및 스포츠 정신 함양에 기여하고 　국위선양

금융투자협회	① 회원 간의 업무 질서 유지 및 공정한 거래를 확립하고 투자자 보호와 금융투자업의 건전한 발전에 기여
한국건강 관리협회	② 질환의 조기 발견, 예방을 위한 효율적인 건강검진과 치료, 역학적 조사 연구 및 보건 교육을 실시하여 국민 건강 증진에 기여
한국공예가 협회	① 공예가 간에 창작 의욕 고취와 자료·정보 교환 ② 세계공예가회에 가입하여 국제 협력과 유대를 도모하여 한국 현대 공예 발전과 국민 생활의 질적 향상에 기여
한국물가협회	② 물자와 용역의 유통 가격 등 경제 동향의 분석 연구, 물가·적산 자료 등 제공으로 국가 경제 발전과 물가안정 기여
한국수입협회	① 회원의 권익 보호 및 복리 증진을 도모하여 회원의 경제적, 사회적 지위 향상에 기여 ② 수출입의 건전한 발전과 거래 질서의 확립으로 국가 경제의 발전에 기여
한국전기 공사협회	① 회원의 품위 유지, 회원의 복리 증진 ② 기술의 향상, 전기공사 시공 방법의 개선 등 전기공사업의 건전한 발전과 국가 전력 사업에 기여
한국의료기기 산업협회	① 회원 간 긴밀한 협조로 권익 보호와 공동 복리 증진 ② 의료기기 공급의 질서를 확립, 양질의 의료기기 공급으로 국민 보건 향상과 산업 발전에 기여

목적이 정해지면 비전과 전략도 마련해야

목적을 달성하기 위해서는 목적이 목표와 구체적인 행동 지침으로까지 이어져야 한다. 목표는 목적을 달성하기 위해 도달해야 하는 대상을 말한다. 실제로는 목적의 하위개념으로 비전이나 미션, 목표, 전략 등의 용어를 사용한다. 이는 단체마다 다르지만 대체로는 다음과 같이 쓰이고 있다.

단체명	목적의 하위단계
대한건설협회	미션 → 비전 → 목표 → 전략 과제
(재)서울연구원	미션 → 비전 → 핵심 가치

금융투자협회	미션 → 비전 → 핵심 가치
대한축구협회	목표 → 정책 → 실천 과제
대한결핵협회	미션 → 비전 → 핵심 요소 → 전략 목표 → 과제
한국의료기기산업협회	비전 → 미션 → 전략
대한의사협회	비전 → 미션
대한안전교육협회	4개의 핵심 가치
대한건강관리협회	미션 → 비전 → 목표 → 근무 지침

위의 표에서 보듯이 대체로 목적을 이루기 위해 미션, 비전, 목표, 전략, 가치, 정책, 과제나 지침 등의 개념이 사용된다. 여러 가지 용어가 있어 혼란스럽기는 하지만 큰 개념이 세분화된 작은 개념으로 이어지면 된다. 궁극적으로는 목적이 실천 지침으로 구체화되는 것이다. 그러나 상당수의 단체들이 목적과 실행 전략과 같은 근본적인 추구 개념을 제시하지 않거나 염두에 두지 않는다.

목적이나 비전을 명확하게 제시한 서울연구원의 사례를 보자.

| (재)서울연구원의 설립 목적 및 비전 |

설립 목적		
서울의 도시 문제 해결을 위해 시책 과제를 조사 분석하며, 당면 과제의 연구 및 학술 활동을 수행하여 서울 시정 발전에 기여하는 데 있다.		
미션		
서울시 정책 개발과 시정 발전에 기여하는 연구를 통해 '시민의 행복' 추구		
비전		
서울의 가치 혁신을 선도하는 싱크 플랫폼		
핵심 가치		
미래	융합	공유
서울의 내일을 만들어 가는 싱크 플랫폼	소통과 협력을 통한 융합형 싱크 플랫폼	연구성과를 공유 확산하는 개방형 싱크 플랫폼

목적은 회원에서 비롯된다

단체는 공동의 관심과 이해관계를 가진 구성원이 있어야 한다. 단체의 목적은 구성원이 어떤 특성을 지니고 있는가와 연관되어 있다. 예를 들어 보자.

환경이나 동물 보호, 복지 서비스 분야의 단체는 구성원의 신분이나 배경이 다르지만 공동의 관심을 가지고 모인다. 목적이 환경 보호, 동물 보호, 사회 취약 계층의 보호 등 사회적 기여를 중심으로 하고 있다. 이와 달리 의사나 변호사들이 모인 전문 자격 단체는 회원이 같은 직업이고, 철강협회나 전기공사협회는 같은 분야의 사업자들이다. 동질성을 지니고 있으므로 큰 맥락에서 단체의 목적이 명확하다. 이런 경우는 공동의 이익 보호가 우선이다. 이처럼 단체의 목적은 단체 구성원 특성에 따라 순수한 공익을 추구하는가와 단체 구성원의 권익 보호를 우선으로 하는가의 차이가 있다.

목적 달성 여부는 해산 요건에도 해당된다

단체의 설립 목적은 설립 허가 요건이면서도 해산 요건으로 작용한다. 민법의 해산 사유에서는 법인의 목적이 달성되었거나 도저히 달성하지 못할 경우에 가능하다고 되어 있다. 그만큼 협회·단체의 목적이 중요하다. 협회가 그 목적을 제대로 달성하지 못하여 해산되는 사례를 살펴보자.

2012년 구글, 페이스북 등이 공동으로 설립한 미국인터넷협회가 해산했다. 협회는 관련 정책 수립과 인터넷 기업의 권익 보호를 위해 상당한 영향력을 발휘해 왔다. 하지만 지난 11월 회원사의 탈퇴에 이어, 15일 공식 해체를 발표했다. 사유는 최근 플랫폼판매자독점법안이 상원에서 발의되는데도 회원을 위한 목소리를 내지 못하는 등 목적 달성에 못 미쳤기 때문이다.

결국 협회의 해산은 협회의 역할이 회원사의 권익 보호라는 본래의 목적에 못 미쳤기 때문이다. 이처럼 목적을 달성하지 못하여 자진 해산의 절차를 밟기도 하지만 사업 목적을 벗어나거나 달성하지 못하면 주무관청에 의한 설립 취소도 이루어질 수 있다.

전략과 전술은 필수적이다

단체는 단체가 무엇을 하겠다는 것인지, 왜 하는지, 무엇을 하는지에 대한 대내외적인 공표를 함으로써 회원과 사회에 관심과 참여를 촉진하게 된다. 미션과 비전, 핵심 요소에 이어 이를 구체화한 전략 목표와 각각의 목표를 달성하기 위한 세부 과제를 연계하여 제시하여야 한다.

대한건설협회는 미션과 비전을 실현하기 위해 3대 목표를 정하고 이를 8대 전략 과제를 통하여 실천하기로 하였다. 협회는 미션으로 '건설 산업의 발전과 국민의 삶을 풍요롭게', 비전은 '국민소득 4만 달러 시대를 선도하는 품격이 있는 건설산업의 리더'로 정하고 3대 목표와 8대 전략 과제를 정하였다.

대한축구협회는 2013년 협회 창립 80주년을 기념하여 비전 선포식을 갖고 목표와 정책, 실천 과제를 발표하였다. 협회는 축구의 보급·확산으로 국민 건강 증진과 국제적 지위 향상의 목적 달성을 위해 실행 지표로써 5대 추진 목표, 10대 정책 분야, 32대 실천 과제를 정하였다.

대한결핵협회의 목표와 전략의 개념도를 살펴보자.

대한결핵협회는 단체의 전반적인 활동을 미션·비전·핵심 요소·전략
목표·전략 과제로 연계하였다. 미션은 국민이 결핵과 호흡기 질환으로
부터 안심할 수 있는 대한민국을 만드는 것이다. 그리고 기관의 정체
성을 확립하고자 비전으로 '협회가 결핵 퇴치의 주도 기관이 되는 것'
을 제시하였다. 이러한 비전은 5개의 핵심 요소로 구성했는데 결핵과
호흡기 질환의 전문성을 갖추고, 대내외적으로 소통과 협력을 하며,

창조와 도전을 꾀함과 아울러 단체의 책임경영을 실천하고 글로벌 네트워크를 구축하는 것으로 하였다.

그리고 이를 구체적으로 실행하고자 전략 목표와 전략 과제를 세부적으로 정하였다. 목적 달성을 위한 전략적인 목표는 종합 계획을 마련하여 실행하고, 성장을 위한 동력을 확보하며, 경영 관리를 고도화하겠다는 것이다. 이러한 각각의 목표는 12개의 세부 전략 과제를 실행함으로써 달성하겠다는 것이다. 즉, 조직의 목적과 비전을 달성하고자 단위부서에서 해야 할 업무를 제시하였다. 이처럼 단체의 목적은 단위목표로 실행 과제를 구체화하고, 구성원들이 무엇을 해야 하는지를 명확히 제시함으로써 실행에 이르도록 설계하고 있다.

목표의 달성에는 전략이 뒷받침되어야 한다

많은 조직이 목적 달성이나 환경 변화에 대응하기 위해 전략을 세우고 이를 실행한다. 전략은 목표 달성을 위한 전반적이고 종합적인 접근 방식을 말한다. 전략은 경쟁 전략, 기업 전략, 다각화 전략, 마케팅 전략 등 다양하게 사용된다. 단체의 전략은 주어진 자원을 조직의 목적과 목표 달성에 맞게 활용하는 것이다. 이를 손쉽게 실천하는 방법은 계획을 수립하는 것이다. 비전과 목표에 맞는 크고 작은 실행 계획을 단체의 자원과 역량에 맞추어 짜야 한다. 단체의 목적이 명확하다면 이를 달성하기 위해 중·장기(3~10년) 및 단기(6개월~1년)의 전략을 수립하여야 한다. 명칭은 '3개년 계획', '5개년 계획' '2030 비전' 또는 '2050 비전'이든 자유롭게 해도 된다. 이러한 중장기 전략은 매년 작성되는 업무 계획에 반영하거나 단기 프로젝트로 실행 계획으로 구체화시키면 된다. 그리고 이러한 계획의 실행을 모니터링하면 성과 관리가 된다.

전략 수립의 구성 요소를 살피자

단체가 택할 수 있는 전략으로 경영 전략이 일반적인데 이는 A. 챈들러가 제시한 "장기적 목적 및 목표의 결정, 이들 목표를 실행하기 위하여 필요한 활동 방향과 자원 배분의 결정"을 의미한다. 여기에 외부 환경의 변화를 반영하고 이에 대응하는 것이다. 따라서 단체의 전략은 환경을 고려하여 목적이나 목표의 달성을 위한 수단이 되는 것이다.

전략 수립에서 필요한 구성 요소는 다음과 같다.

① 목적과 목표의 명확화(안정, 경쟁, 성장)

② 단체를 둘러싼 환경의 분석(위기, 기회)

③ 타 단체의 운영 실태와 사례 조사 및 분석(경쟁자 분석, 벤치마킹)

④ 내부의 유·무형의 자원 분석(역량, 추진력)

⑤ 추진 과제의 도출(과업 확정, 행동 지침)

⑥ 성과 측정과 관리(성패 여부, 피드백, 수정 보완)

많은 단체가 전략을 수립하기 위해 위원회를 구성하거나 프로젝트 전담팀을 구성하거나 외부 전문 기관에 의뢰한다.

이러한 구성 요소가 어떻게 단체의 전략 수립에 적용되고 있는지 대한건축사협회와 원자력산업협회의 전략경영에 따른 계획 수립을 살펴보자.

대한건축사협회가 중장기 운영 전략을 세우고 조직 개편 작업에 들어간다. 이를 위해 전문 기관에 6개월의 연구 용역을 의뢰한다고 밝혔다. 주요 내용은 대내외 환경 분석, 국내외 타 단체의 운영 체계 조사 및 시사점 도출, 의무 가입 대비 운영 전략, 예산 체계, 자산 관리 등 대안, 회비 납부 구조 진단, 조직 효율화 방안, 지역 네트워크 구축 방안, 중장기 2030 비전 수립 및 운영 로드맵, 온라인 시대의 조직 구조 및 효율적인 회원 관리 방안 등이다.

원자력산업협회는 효율적 업무 수행 및 적기에 경영 성과를 달성하기 위해 2030 중장기 전략경영을 추진할 계획이다. 협회는 올해 사업 주제를 '기후 위기 대응을 선도하는 탄소 제로 에너지, 원자력'으로 정하고 5개 주요 사업으로 원자력산업 생태계 강화, 글로벌 네트워크 구축 및 해외 판로 개척, 원자력 전문 인력 양성 및 미래 인적 자원 개발, 산학연 정보 교류 및 협력 강화, 정책 연구 과제 수행 등이다. 협회는 필요시 외부 전문가의 자문도 받아 추진한다고 밝혔다.

실행 과제가 필요하다

목적이나 전략은 실행을 전제로 만들어져야 한다. 실행 과제는 현실적이고 구체적으로 연간 업무 계획이나 부서별 업무 계획에 반영되며 단체마다 비슷한 목표나 전략 수준을 정해도 과제의 선정과 추진 주체가 다를 수 있다. 이는 부서가 본부 단위나 팀 단위일 수도 있으며 작은 규모의 사무국에서는 개인의 과업으로도 가능하다.

이처럼 목표보다는 정책이 세분화·구체화되고, 정책보다는 과제가 세부적으로 명시됨으로써 오히려 범위를 크게 잡아 불분명한 개념적 접근보다는 알기 쉽고 실행하기도 좋다.

이와 같은 실천 과제는 각 부서에서 내용의 적합성과 실현가능성을 충분히 검토하고, 상위 부서나 임원들에 의해 검증되어야 한다. 과제의 실천에 따른 비용과 인력, 노력을 조직 전체가 인지하고 공유함으로써 관련되는 적정한 자원 투입과 그에 상응하는 성과를 설정할 수 있기 때문이다. 세부적인 실천 과제일수록 성과지표도 분명하고 성과 측정도 용이하다. 축구협회의 경우는 5대 추진 목표 10대 정책 분야 32대 실천 과제로 연계함으로써 명확한 과제를 제시하고 있다.

대한축구협회의 목표 달성을 위한 실천 과제의 설정사례를 살펴보자.

구분	세부사항
5대 추진 목표	1. 경쟁력제고 2. 인재육성 3. 열린 행정의 구현 4. 축구산업의 확대 5.새로운 축구문화 조성
10대 정책 분야	1. 경기력 향상 2. 디비전체계의 확립과 저변의 확대 3. 제도 개선 4. 교육 전문화 5. IT기반의 확대·인프라확충 6. 축구산업규모의 확대 7. 팬 퍼스트커뮤니케이션 8. 국제 경쟁력 강화 9. 사회공헌 10. 축구문화 조성
32대 실천 과제	1. 경기방식 다양화 2. 국가대표팀 운영 체계화 3. 골든 에이지 프로그램: Prepost 4. 프로선수육성제도 정립 5. 디비전시스템완성 6. 유·청소년·대학 리그안정화 7. 100만 선수·지도자, 2만 활동판 8. 여자축구와 풋살의 저변확대 9. 대학입학제도 개선 10. 심판위원회통합 및 우수심판육성 11. 파트너십 체계화 12. 지도자고용안전성강화 13. 온라인 교육콘텐츠강화 14. 강사양성 및 전문지도분야 확대 15. 축구문화산업컨퍼런스 활성화 16. 데이터 센터 발전 및 활성화 17. 경기장 인증제도입 18. 제2NFC건립 19. 축구중계확대 20. 스폰서십 확장 21. 머천다이징활성화 22. 팬 커뮤니케이션 확대 23. 브랜드커뮤니케이션강화 24. 영상플랫폼강화 25. 주요 국제대회유치 26. 국제기구진출 27. 우수인재 해외진출지원 28. 경력전환프로그램수립 29. 레전드 프로그램활성화 30. 축구를 통한 통일비전제시 31. 리스펙트캠페 전개 32. 축구행복지수고취

③
실행을 위한 자원을 확보하자

단체의 경영은 목적을 정하고 이를 달성하고자 보유 자원을 활용하거나 새로운 자원을 확보하여 투입하는 행위다. 따라서 단체경영에는 어느 조직과 마찬가지로 자원Resource이 뒷받침되어야 한다. 특히 단체가 상대적 경쟁력을 갖추고 특정 목적을 달성하려면 이를 뒷받침할 수 있는 '고유한 자원'이 있어야 한다. 자원은 ① 건물, 현금, 인력, 자본, 시설과 같은 유형 자원과 ② 단체가 지닌 전문성, 경영 능력 및 신용도, 명성과 이미지, 법적 자격 등의 무형 자원이 있다. 이러한 자원이 그 단체의 강점과 약점을 구성한다.

| 단체의 자원구분 |

구분	내용
유형자원	자본, 잉여금, 회원, 건물, 연수원, 사무국 직원, 정보망, 시험검사 시설, 임대 공간
무형자원	법적위상, 허가권, 특허, 대외 이미지, 네트워크, 사회적 지위, 영향력, 임원의 역량, 결속력, 높은 윤리 의식, 자긍심

단체는 이러한 자원의 보유 정도에 따라 안정 유지 전략을 펼지, 아

니면 성장 전략을 펼지를 정해야 한다. 단거리 선수가 될지 마라톤 선수가 될지는 기본적인 체력을 공통적으로 갖추고, 나아가 순발력 또는 지구력의 어느 강점을 가졌느냐에 달려 있는 것과 다르지 않다. 따라서 단체는 목표를 정하거나 달성하는 데 있어 필요한 자원을 보유 또는 확보하여 활용해야 한다.

운영 관리를 철저히 하자

　단체의 전략이 좋다고 해서 그 단체가 반드시 잘나가는 것은 아니다. 얼마만큼 전략이 실행되느냐가 관건이기 때문이다. 『목표를 성공으로 이끄는 법』의 저자인 짐 콜린스Jim Collins는 전략은 실행되어야지 그 자체가 차이를 나타내는 것이 아니라고 했다. 전략이 다리bridge라면 실행은 건너는 것crossing이다. 따라서 전략은 종종 전략 실행이나 전략 관리라는 용어와 함께 사용된다. 실행은 단체의 운영 관리를 말하는 것이다.

　전략의 실행에 있어 초기 전략만을 고집하거나 초기 전략이 안 맞는다고 폐기해서는 안 된다. 전략이 부적절한 경우는 전략을 바꿀 수도 있지만 실행 자체를 달리 하면 된다. 전략 실행의 유의점은 두 가지 전제를 고려해야 한다. 이는 ① 전략은 수시로 바뀔 수―여건이 바뀌면―있다. ② 전략이 바뀌면 실행이 바뀌어야 한다. ③ 실행이 안 되는 전략은 죽은 전략이다. 이때에는 잘못된 전략임을 알고도 이를 고수하려 해서는 안 된다.

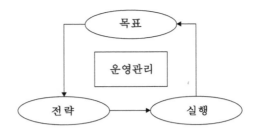

전략에는 운영 관리가 뒤따라야 한다

전략의 실행을 위해서는 운영 관리가 중요하다. 운영 관리는 세부적인 지침을 만들고 이에 맞추어 업무를 추진한다. 단체는 유기적인 협력체이기 때문에 지나치게 특정인의 지식이나 경험, 지시나 명령에 의존하는 것은 바람직하지 않다. 개개인의 역량을 모아서 조직에 내재시키고 여기에 축적된 경험·지식·노하우를 객관적·합리적 기준으로 만들어 실천의 근거로 삼아야 한다. 이것이 운영 관리 규정이 될 수도 있고 실천 요령이나 지침이 될 수도 있다. 그리고 이에 대한 구성원의 이해와 상호 간의 소통과 협력이 이루어져야 한다.

전략의 실행을 위해서는 다음의 요소를 갖추어야 한다.

① 과제의 확정

② 세부 추진 계획과 지침 마련

② 추진 주체 선정과 소통

③ 환경 변화의 모니터링

④ 성과의 측정과 반영

법이나 정관은 단체의 기본적인 지침이므로 단체의 운영 관리에는 충분치 않다. 실제로 많은 소규모 단체가 형식적인 정관을 마련해 놓고 그저 관행이나 일부의 주먹구구식 운영을 한다. 기본적이고 형식적인 운영 관리 규정조차 갖추지 못한 경우가 많다. 따라서 세부적인 기준과 실행 절차, 방법을 갖추고 이를 근거로 적절한 관리가 이루어져야 한다.

운영 관리 규정은 단체의 활동을 담고 있는 지침이다. 이는 내부에서 효력이 발생하므로 반드시 내부적 공감대를 거쳐 제정하고 공표해야 한다.

단체는 원활한 운영 관리를 위해 '운영위원회', '관리 위원회' 또는 '운영 관리위원회' 등을 설치·운영한다. 여기에서 임직원과 함께 운영 전반을 파악하고 모니터링하기도 한다. 운영 관리는 매우 중요한 기능이므로 조직 운영의 효율성과 효과성을 위해 면밀히 검토하고 실행해야 한다. 운영 관리는 목적과 목표의 설정과 이의 실행을 위한 전략 수립과 운영 관리에 이르기까지를 함축적으로 정리하여 구성원이 공유해야 한다. 개개인의 업무와 행동에 영향을 미치는 내용에 대해서는 충분한 교육을 실시해야 한다. 이와 같이 구성원 개개인에게 전달되고 이해되어 행동의 근거로 삼고자 행동 강령을 제정하고 이를 실천하고자 단체와 구성원이 협약을 체결하거나 결의문을 채택하기도 한다. 대한결핵협회의 행동 강령 실천 결의문을 살펴보자.

대한결핵협회 행동 강령 실천 결의문

- 우리는 대한결핵협회 임직원으로서의 사명감과 자긍심을 가지고 부패 방지와 깨끗한 공직 풍토를 조성함으로써 지속적인 고객의 신뢰를 받기 위하여 다음과 같이 행동 강령 실천을 결의한다.

- 우리는, 긍지와 자부심을 가지고 윤리경영과 준법경영을 통해 국민의 사랑과 신뢰를 받는 협회가 되기 위해 노력한다.

- 우리는, 직무를 수행함에 있어 학연, 지연, 혈연 등을 이유로 특정 개인이나 단체에 특혜를 주거나 차별하지 않는다.

- 우리는, 높은 윤리적 가치관을 바탕으로 정직하고 공정하게 업무를 처리하며, 일체의 부당한 행위를 방지하여 깨끗한 공직 풍토 조성을 위해 노력한다.

- 우리는, 직무 수행과 관련하여 알게 된 정보를 사적으로 이용하거나 타인에게 제공하는 행위를 하지 않을 것이며, 직무 관련자 또는 직무 관련 임직원으로부터 금품 등을 요구하지도 받지도 않는다.

- 우리는, 행동 강령을 실천하고 국민에게 최상의 서비스를 제공하며 국민 만족을 우선하는 운영을 통해 국민 보건 향상 제일주의를 실천한다.

협회·단체, 회원을 섬겨라

회원이 최고의 자산이다

단체의 가장 큰 자산은 회원이다. 회원은 단체의 구성원이자 궁극적으로 설립의 목적 대상이다. 또한 단체를 운영하는 데 있어서 아래와 같은 의미를 갖는다.

① 인적자산이다

② 재정적 후원자다

③ 운영·감시자다

④ 의사 결정자다

⑤ 서비스의 이용자다

회원은 이와 같이 단체의 핵심적인 역할과 기능을 한다. 특히 사단법인은 사람을 구성 요소로 하고 있기에 이들이 내는 회비는 재정의 가장 큰 수입원으로서 조직 운영의 밑거름이 된다. 회원들은 단체의 활동에 직간접적으로 참여하므로 운영의 주체라 할 수 있다. 단체의 권력은 회원에게서 나온다. 선출직 임원의 입후보 자격을 갖게 되므로 회원 개개인이 회장이나 이사의 후보인 것이다. 모든 단체가 회원에 대한 서비스 제공이 주 임무이며 이를 정관에 목적으로 정하고 있다.

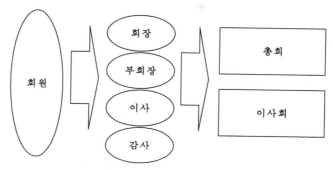

회원은 단체의 존립 근거이자 목적이다

회원의 가장 큰 역할은 의사 결정자로서 최고 의사 결정 기구인 총회의 구성원이 되어 단체의 중대사를 정하는 지위에 있다. 직접 총회의 일원이 되지 않는 경우는 대의원이 되어 참여한다.

회원의 구분과 권리·의무

단체는 가입 자격, 회비 또는 기여금의 수준, 권리와 의무 등 역할의 정도를 감안하여 회원을 구분한다. 회원 구분은 단체의 목적과 사업에 얼마나 부합하는가에 따라 정회원, 준회원, 특별회원, 명예회원 등의 자격을 부여하며 이에 따라 권리와 의무를 부여한다.

| 회원의 구분 |

기준	회원의 구분	권한요소	의무요소
부합정도	정회원, 준회원, 특별회원, 명예회원	선거권(투표) 피선거권(임원) 의사 결정권	회비 납부 등 정관준수
존속정도	영구회원, 일반회원		
군집정도	개인회원, 단체회원		

　일반적으로 회원은 정회원을 말하며 총회 참석과 발언권, 주요의사 결정에 있어 의결권을 가진다. 또한 회장이나 임원 선출의 경우 입후보자로서의 자격을 갖는다. 정회원의 자격에는 못 미치지만 준회원이나 예비회원도 있는데 권리와 의무가 가볍고 회비도 차등하여 적게 내는 게 일반적이며 임원 진출이나 의결권의 제한이 있다. 준회원이나 특별회원에 대한 임원 자리는 정관에서 별도로 자격과 선임 방법, 권리와 의무를 정하면 된다.

　특별회원은 단체의 구성원 영역에는 직접 해당되지 않지만 이해관계가 있거나 단체에 긍정적인 영향을 미치는 주변 단체나 개인을 말한다. 의결권이나 발언권이 없거나 제한된다. 이사회나 총회에서 가입 승인을 받는 게 일반적이다. 특별회원은 주로 후원자의 역할을 하기도 하며 제3자적 우호적 입장에 있는 옵서버observer와 비슷한 지위라고 보면 된다. 명예회원은 사회적으로 잘 알려지거나 단체에 기여한 인사나 원로 등을 위촉한다. 대외적으로 단체의 이미지를 제고하고 회원의 자부심을 고취하거나 단합에 기여한다.

| 금융투자협회의 회원 구분 |

구분	자격	권리	의무
정회원	금융투자인가업자 (투자매매, 투자중개,집합투자업, 신탁업, 전문사모집합투자업자)	총회 의결권·발언권	회비 납부, 투자자 보호, 규정 준수 등 * 정회원은 가입비 납부
준회원	금융투자등록업자 (투자일임, 투자자문업), 겸영금융투자업자, 온라인소액투자중개업자	총회 발언권	
특별회원	일반사무관리회사, 집합투자기구평가회사, 채권평가회사, 한국상장회사협의회, 코스닥협회, 한국예탁결제원, 협회가입 희망자 중 이사회승인을 득한 자	총회 발언권 (당해 회원 관련사항으로 한정)	

또한 회원 자격의 존속 기간을 부여하면서 영구(평생)회원과 일반(1년)회원으로 구분한다. 기본적이고 안정적인 회원을 확보하거나 단체 설립에 기여하거나 기여할 회원은 영구회원으로 하는 게 좋다. 다만 비용 부담이나 단체의 지속성을 확신하지 못하는 경우에는 연회비를 내는 일반회원으로 참여하게 된다. 회원은 개인도 있지만 한 조직에서 여러 명의 회원을 가입시킬 수 있는 경우에는 그 조직을 단체회원으로 가입하도록 하고 구성원은 자동으로 회원의 자격을 갖도록 한다. 이 또한 회원의 상시적이고 영속적인 확보에 유리하다. 단체회원 제는 개인이 소속된 조직이 회비를 부담하고 개인들은 참여하면 되므로 활용하기가 좋다.

이사·감사를 일하게 하자

단체의 임원은 이사와 감사가 있다. 이들이 이사회와 총회에 참여한다. 이사는 회장과 부회장 등의 직위를 가질 수 있는 후보자가 된다. 이들은 단체의 운영에 있어 의사 결정의 책임과 의무를 지고 있다. 따라서 이들의 역할은 단체의 흥망성쇠에 커다란 영향을 미친다.

비상근과 상근

설립 초기나 소규모 단체는 이사가 직접 사무를 맡는 경우가 있다. 그러나 임의단체라면 몰라도 법인에서 무보수 명예직의 비상임이 사무 집행을 하기란 쉽지 않다. 늘어나는 업무량과 회원을 감당하고, 단체사무의 실무 능력을 갖추어야 한다. 또한 임기제라서 업무의 지속성을 유지하기 어렵다. 이사회를 대표하면서 집행부를 총괄하면 이해충돌의 문제도 생기고 균형과 견제의 원칙에도 맞지 않는다. 일처리의 객관성과 공정성도 의심받게 된다. 이런 점에서 상근 임원이 사무를 집행하는 게 바람직하다. 그리고 비상근 임원과 상근 임원이 업무의 책임과 권한 그리고 의무를 공유해야 한다. 단체는 비상근 이사 중심의 운영 조직과 비상근 이사와 상근 임원의 융합 조직, 그리고 상근 임원 중심의 운영 조직으로 대별된다. 성공적인 단체는 상근과 비상근이 조화롭게 목표 설정과 과업 수행의 성과를 공유하는 등 효율적인 운영이 이루어진다. 비상근 임원과 상근 임원 사이에 불협화음도 발생하는데 이는 비상근과 상근의 차이를 면밀하게 인식하고 필요하다고 인정되는 경우에 상근을 선임하면 된다.

이사의 수는 많은 게 좋은가?

이사의 자격은 자연인이어야 하며 형법에 의해 자격 상실 또는 자격 정지의 형을 받은 자는 이사가 될 수 없다. 이사의 수를 몇 명으로 할지는 정관에 정해야 한다. 단체의 이사는 등기를 하는 관계로 가급적 인원을 적게 하는 경향이 있으나 일부 단체에서는 이사의 수를 늘리는 경향이 있다. 보다 많은 사람이 단체의 운영에 참여하도록 하는 목적도 있지만 소위 '감투'를 주어 참여도를 높이고 보다 많은 금액의 회비를 거둘 수 있다. 이사의 수에는 제한이 없으나 이사의 수가 많고 적은 데 따른 장단점이 있다. 이사의 수가 다수이다 보니 임기 중 중도 사퇴나 해임되는 일이 종종 발생한다. 이 경우 이사회 개최나 운영에 지장을 초래하는 경우가 있는데 일반적으로 이사가 임기가 끝났으나 후임이 정해지지 않은 경우는 후임 임명 시까지 전임이 업무를 수행할 수 있다.

임원 선임, 대표성을 고려해야

임원을 선임하고자 할 때는 후보자를 정하는 기준을 명확하게 하고 자격 기준과 역량에 대한 객관적이고 공정한 검토가 이루어져야 한다. 필요하다면 '이사선임위원회'·'임원 선임위원회'·'인사검증위원회'와 같은 기구를 구성하여 후보자에 대한 평가 기준을 정하고, 정보 수집과 여론, 역량과 자질을 살펴봐야 한다. 후보자의 이력 사항을 상세하게 기술하도록 하고 이의 사실 여부를 확인하는 게 좋다. 특히 기재 사항에 대한 신뢰도를 체크하는 게 중요하다. 경력이나 학력, 실적 등을 허위로 작성하는 경우가 있는데 이를 간과해서는 안 된다.

예를 들어 한 단체에서 임원의 학력 기재가 사실과 다른 것으로 나타났는데 이것을 둘러싸고 갈등이 생겼다. 문제의 본질은 학력이 낮고 높은 문제가 아니라 '허위 사실의 기재'였음에도 고학력자와 저학력자 간에 반목하는 상황이 발생했다. 이러한 상황은 기준과 절차를 명확하게 적용하여 해결하지 않으면 조직에 혼란과 후유증만 남게 된다.

이사의 개인 상황도 검증해야 한다

나아가 이사 후보가 처한 개인적인 환경도 검증을 할 필요가 있다. 건강이 매우 좋지 않다든지 회사가 부도 직전에 있거나 법규 위반으로 소송 중이거나 경쟁 단체의 임원으로 있는지 여부도 살펴볼 필요가 있다. 최근에는 선임을 물론 각종 상*이나 인증을 주기 전에 평판 조회를 실시하는 추세다. 다만 이러한 사항이 개인적이고 주관적인 판단이나 추측, 소문보다는 본인의 확인이나 객관적 사실에 근거하여 이루어져야 한다.

감독 기능의 감사를 둘 수 있다

법인은 이사에 대한 감독 기관으로서 정관 또는 사원 총회의 결의로 감사를 둘 수 있다. 거의 모든 단체가 감사를 두고 있는데, 민법에는 사단법인과 재단법인에 이사와 감사를 기관으로 명시하고 있다. 이사는 반드시 두어야 하는 기관이지만 감사는 정관이나 총회의 결의에 의해 '둘 수 있다'고 되어 있다. 당연직 감사는 인정하지 않고 있다.

☼ 임원은 어떻게 선출하나?

단체의 임원 선출은 이사와 감사를 대상으로 한다. 그리고 이사 중에서 회장을 비롯한 다양한 명칭의 임원을 선임한다. 일반적으로 선거를 통해 선출하는데 그 방식은 직접투표, 비밀투표, 무기명투표의 원칙으로 실시한다. 회원 수가 많은 단체는 회원 전체를 대신하는 대의원을 통해 투표를 한다. 전자투표 특히 모바일투표가 보편화되면 직접투표가 활성화될 것이다. 단체마다 회장 선출 방식에 조금씩 차이를 보이고 있지만 절차상으로는 모두가 '총회에서 선출'하도록 하고 있다. 다수의 단체가 정관에 임원 선출 규정을 두고 있으며 회장 선출에 관한 절차와 내용은 다음과 같다.

① 선거관리위원회를 구성한다.

② 선거권·피선거권은 회원 경력, 회비 납부, 임원 경력 여부를 반영한다.

③ 피선거권은 회원 가입 기간과 회비 납부 여부, 임원 경력을 기준으로 한다.

④ 투·개표 방식은 전자 방식과 수동의 투·개표 방식으로 한다.

⑤ 입후보자는 추천위원회, 일정수의 회원, 이사회, 원로회 등이 추천한다.

⑥ 선거일 공고 및 입후보 등록 절차를 공고한다.

⑦ 후보 등록 서류를 정한다. 허위 사실, 정관상 결격 사유를 검증한다.

⑧ 입후보 등록자의 명단을 확정·공고한다.

⑨ 입후보자나 그 대리인이 기호를 추첨한다.

⑩ 투표권자(대리인 포함)를 확정하고 선거 안내를 한다.

⑪ 입후보자를 알리는 선거공보를 발행 및 배포한다.

⑫ 선거운동 지침을 공고한다. 개인정보 유출로 민형사상의 문제 발생 주의.

⑬ 합동 토론회를 개최한다.

⑭ 후보자 준수 사항을 서약한다. 금품 살포, 무단 개인 통신 정보 이용 금지.

⑮ 투표는 직접, 비밀, 무기명 투표로 한다.

⑯ 참관인을 선정한다.

⑰ 투표와 개표를 진행한다. 절차, 요령, 용지, 투·개표함 등.

⑱ 당선자를 결정 및 공고한다. 다수의 유효 투표(기권, 무효표 제외)를 얻은 자. 다수의 득표자가 동수이면 이들만 재투표.

⑲ 1인만 입후보 시 결격 사유가 없으면 총회 동의로 무투표 당선자로 한다.

⑳ 입후보 등록금은 단체에 귀속되며, 반환 여부나 조건을 명시한다. 회장 당선 후 입후보자 사안의 송사는 개인 책임 및 비용으로 한다.

단체장의 명칭은 다양하다

단체장의 명칭은 정관에 정하면 되고 그에 따라 사용하면 된다. 단체장의 일반적인 직함(명칭)은 '회장'이다. 명칭을 정하는 근거는 이사회의 끝 자 '회'를 따서 회장으로 하거나 이사회의 '장'이라 해서 '이사장'으로 한다. 협회나 중앙회 등의 경우는 단체의 명칭에 따라 '회장'으로 한다. 하지만 예외도 있다. 조합이나 재단은 '이사장'의 명칭을 쓰며, 조합의 연합체인 연합회나 중앙회는 '회장'의 명칭을 사용한다. 한국여성언론인협회, 특공무술협회, 국제라이온스협회는 '총재'라는 명칭을 사용한다.

부회장·이사·감사의 선출

민법에서 정한 '법인의 기관'으로 이사와 감사가 있다. 이사는 단체의 상설·필수의 핵심적인 기관이다. 사단법인에 반드시 이사를 두어야 하고 재단법인도 총회는 없지만 이사는 반드시 두어야 한다. 따라서 이들의 선출은 매우 중요하다.

이사와 감사는 아래와 같은 선임 방식을 취하고 있다.

- 총회에서 선출
- 일부 단체에서는 이사회 의결을 거친 후 총회에서 선출
- 총회의 위임을 받아 회장이 선임
- 스포츠단체의 경우는 회장이 추천하고 총회에서 선임

이사라 하더라도 회원이사(선출직)가 아닌 당연직이사나 상임이사가 있다. 당연직 이사는 주무관청이나 긴밀한 업무 연관성을 가진 기관의 특정 직책을 정하며 특정 개인을 위촉하는 것은 아니다. 상임 또는 상근 이사는 사무를 총괄하는 임기제 자리이므로 비상임이사나 사무국에서 경력을 쌓은 사람, 정부 예산을 받는 경우에는 주무관청에서 추천한 자가 임명된다.

상임이사의 임명은 아래와 같은 방식을 취하고 있다.

- 총회에서 선출
- 회장의 제청으로 이사회가 선임

- 이사회에서 선임하여 주무관청의 승인을 받음
- 회장이 제청하고 이사회에서 추천하여 주무관청이 임명

요약하면 대다수가 회장이 제청하고 이사회에서 결정하며 경우에 따라서는 주무관청에서 승인하는 방식을 취하기도 한다.

정부에 맡겨 '위탁선거'도 가능하다

내부적으로 과도한 경쟁과 불신으로 인해 투표 과정과 결과에 대한 불복 사례가 일면서 일부 대규모 단체는 선거 업무를 '중앙선거관리위원회'에 위탁하기도 한다. 위탁선거는 「공공단체 등 위탁선거에 관한 법률」 제3조(정의)에 따른 공공단체가 임원 선출을 위한 선거 업무를 중앙선거관리위원회에 위탁하는 것을 말한다. 그 대상인 공공단체는 「농업협동조합법」, 「수산업협동조합법」에 따른 조합과 중앙회 및 「산림조합법」에 따른 조합의 경우에는 의무적으로 위탁해야 한다.

이와 달리 임의위탁단체는 「중소기업협동조합법」에 따른 중소기업중앙회, 「새마을금고법」에 따른 금고와 중앙회 및 「도시 및 주거환경정비법」에 따른 정비사업조합과 조합설립추진위원회, 「주택법」에 따른 공동주택 입주자 대표회의 회장, 감사, 동 대표 선거가 있다. 그 밖의 법령에 따라 임원 등의 선출을 위한 선거관리를 선거관리위원회에 위탁하거나 위탁할 수 있는 단체도 포함된다. 위탁선거는 한 해 1,376건(2019년)이 실시되었는데 선거 경비는 건당 약 2700만 원으로 나타났다.

⚙ 임원의 임기는 몇 년인가?

임기의 연한을 정하는 기준은 설립 당시의 정관에 의한다. 단체장 후보가 마땅히 나타나지 않는 경우나 특정 후보가 탁월한 역량과 리더십을 발휘하여 회원의 지지를 받는 경우 임기가 길어지기도 한다. 단체장 선출을 둘러싼 다수의 후보가 있어 경쟁이 심해지면 임기를 단축해서라도 다수에게 기회를 제공하기도 한다. 단체의 임원 임기는 단체마다 각기 다르다. 보통 1~4년이다. 공직도 임기가 다양하다. 가장 임기가 긴 대법원장과 선거관리위원장은 6년, 대통령은 5년이다. 감사원장, 국회의원, 지방자치단체장과 의원은 4년이다. 그리고 대부분의 정부 기관장은 2년으로 되어 있다.

단체장의 임기를 4년으로 하는 단체는 규모가 크고 업무가 복잡하고 범위가 넓은 경우다. 나아가 대표 선출을 위해 복잡하고 오랫동안 선거 과정을 거치므로 단기간의 임기로는 적정하지 않다는 이유에서다. 대한건설협회나 농협중앙회장, 중소기업중앙회장, 신협중앙회장 등이 이에 해당된다.

3년인 경우는 대한의사협회장, 대한체육회장, 대한상공회의소회장, 저축은행중앙회장, 한국상하수도협회장, 한국여성경제인협회장 등이 있다. 2년의 임기가 보편적인데 사단법인의 회장이 해당되며 한국제약바이오협회장, 벤처기업협회장, 대한영양사협회장 등이 있다. 1년의 임기는 대체로 학술단체인 학회의 학회장이나 주민자치센터의 장이 해당된다.

임기에 따른 중임의 허용

임기가 1년에서 4년까지 다양한데 이에 따른 장단점도 있다. 임기가 짧으면 임원의 업무 부담이 줄어들고 주기적으로 새로운 임원진이 들어서므로 활력과 쇄신 분위기를 조성하며 인사 순환이 잘되는 장점이 있다. 하지만 업무 파악을 하고 대외적으로 관계를 맺기에 한계를 갖게 된다. 주인 의식이나 전문성을 갖추기에도 충분치 않다. 반면 임기가 길면 장기 계획의 실현이 가능하며 안정적인 운영이 가능하다. 임원 선출에 따른 행정적인 비용과 노력이 줄고 잡음이나 소모적 경쟁을 지양할 수 있다. 그러나 특정인의 영향력이 너무 커지거나 인사 순환이 제대로 이루어지지 못한다.

여러 단체에서는 임기 연한의 장단에 따른 장단점을 절충하고자 연임과 중임을 허용하고 있다. 대체로 임기가 길면 단임, 짧으면 연임으로 하거나, 회장 후보가 많아 경쟁이 심하면 단임, 그렇지 않으면 연임을 하지만 단체에 따라 사정이 다른 만큼 반드시 그런 것은 아니다. 이는 정관에 정한 바에 따르며 회원 간에도 이해관계에 따라 의견이 분분하므로 한번 정하면 바꾸기가 쉽지 않다.

| 임기의 구분 |

임기구분	내용
단임 單任	임기를 단 한 번만 할 수 있다. (예) 임기는 3년으로 한다. 임기 3년을 한번 하고 물러난다.
연임 連任	임기를 연이어서 할 수 있다. (예) 임기는 3년으로 한다. 1회 연임할 수 있다. 3년하고 바로 이어서 3년을 더할 수 있다.
중임 重任	임기를 언제든 또 할 수 있다. (예) 임기는 3년으로 한다. 1회 중임할 수 있다. 3년 하고 바로 이어서 3년 연임하든, 쉬었다가 나중에 다시 한번 3년을 하든 가능하다.

연임에 대한 제한도 각기 다르다. 한국사회복지사협회나 여신금융협회는 3년 연임이며, 대한바둑협회는 4년 1회 연임, 한국음악저작권협회는 4년 3회 연임을 허용하고 있다. 농협중앙회장은 중임이 불가한 반면 신협중앙회장은 가능하다.

④

임원 역할, 제대로 하게 하라

단체는 임원이 사익을 추구하기에 부적합한 조직이다. 간혹 임원이 단체 업무에 몰입하고 그 대가를 요구하거나 스스로 챙기는 경우도 있다. 특히 선출직 임원은 회원에 대한 봉사를 전제로 선임된다는 점에서 개인의 이익과 특혜를 추구하기가 어렵다. 기본적으로 임원은 무보수·비상임·명예직임을 잊어서는 안 된다. 다만 임원이 유급인 경우는 정관에 이를 정하여 따라야 한다.

임원은 단체의 발전에 커다란 영향을 미치는 자리에 있으므로 단체가 어떻게 발전하고 성장할 것인지에 대한 방향과 비전을 생각해야 한다. 그리고 이에 따른 역할과 기여도 해야 한다. 단체의 회장과 이사는 조직의 운영에서 가장 큰 권한과 책임을 가지고 있다. 그러나 이러한 권한과 책임은 조직이 위임한 것이다. 회장이나 부회장, 이사들의 주 역할은 단체의 운영에 관한 전반적인 의사 결정을 하는 것이다. 이해관계와 갈등을 조정하고 봉합하며, 사업의 타당성을 검토하고 예산과 결산을 승인하며 다양한 분야의 업무를 정하고 의결권을 행사한다.

단편적 이해관계에 매몰되거나 분위기에 편승하는 등의 태도는 삼가야 한다. 끊임없이 조직 내 다양한 계층과 소통하며 자기중심적인 행태에서 벗어나야 한다. 그렇지 않으면 파벌이 조성되고 대립의 구조를 만들게 되어 임기 내내 분란과 갈등을 피하기 어렵게 된다.

임원은 가장 먼저 업무를 파악해야 한다. 무엇보다 회장을 비롯한 비상임의 임원들과 사무국의 상근 임직원 간의 대화와 소통이 필요하다.

그다음에 각종 통계나 지표, 규정이나 법규, 업무 성과지표 등을 살펴보고 필요하면 설명을 요구한다. 어떤 방향으로 나갈지 어떤 것이 우선순위의 업무이자 과업인지에 대해 파악하고 의사 결정에 앞서 충분한 학습과 대화가 이루어져야 한다.

이사의 직무와 대표권

민법상 이사는 법인의 기관으로써 법인 사무를 집행한다. 이사는 법인의 모든 사무에 관하여 각자 법인을 대표하며 법인과 위임 관계에 있으므로 '선량한 관리자로서의 주의'로써 충실히 직무를 수행할 법적 의무가 있다. 따라서 이사가 임무를 게을리한 때에는 법인에 대하여 채무 불이행을 이유로 하는 손해배상 책임을 지고, 이사가 수인인 경우는 연대하여 손해배상 책임을 지게 된다.

민법상 이사의 임무는 다음과 같다.

- •재산목록의 작성(민법 제55조 제1항)
- •사원명부의 작성(민법 제55조 제2항)

- 사원 총회의 소집(민법 제69조, 제70조)

- 사원 총회의사록의 작성(민법 제76조)

- 파산신청(민법 제79조)

- 청산인이 되는 것(민법 제83조)

- 각종 법인등기

대표권은 이사 중에서 대표로 정한 이사가 아니면 나머지 이사들은 대표권의 제한을 받는다. 대표권의 제한은 법인의 대표를 둘러싼 혼란을 야기할 수 있으므로 명확하게 하여야 한다.

대표권의 제한은 다음과 같다.

① 반드시 정관에 기재해야 하며 그러지 않은 경우는 대표권제한이 무효가 된다.

② 정관은 등기를 한 것이어야 제3자에게 대항할 수 있다.

③ 사단법인의 이사의 대표권은 회원총회의 의결로써도 제한할 수 있다.

④ 법인과 이사의 이익이 상반되는 사항에 관하여는 이사는 대표권이 없다. 이 경우 임시이사 선임규정에 따라 선임된 특별대리인이 해당사항에 한하여 법인을 대표할 수 있다.

일부의 이사와 법인의 이익이 상충되는 경우에는 다른 이사가 법인을 대표하고 다른 이사가 없는 경우에만 특별 대리인이 법인을 대표한다. 이사의 대표권은 정관 또는 총회의 결의로 금지하지 않는 사항에 한해 타인이 특정 행위를 대리할 수 있으며 포괄적인 복임권은 인정되지 않는다.

회장이 없다면?

대표권자는 이사 중에서 선정하며 총회에서 최종 결정해야 한다. 대표권은 회장이나 이사장에게 주어지므로 궐위의 상황이 되면 다시 대표권자를 정해야 한다. 이때는 차석의 자리에 있는 수석부회장이나 부회장, 또는 선임이사가 대표권을 행사하도록 정관에 근거를 마련해야 한다. 선임이사는 선임 횟수, 연임이나 중임 여부, 재임한 총 기간, 나이 등을 고려하여 정한다.

정관에서 법인의 대표자와 대표권이 없는 일반 이사를 명백히 분리하므로 법인의 대표권은 대표자에게 전속된다. 대표는 총회에서 투표로 직접 선출하도록 정한 경우, 일반 이사들에게는 처음부터 법인의 대표권이 없으므로 대표이사가 궐위된 경우에도 법적으로는 일반 이사가 법인의 대표권을 가진다고 볼 수 없다는 판례가 있다.

단체의 얼굴, 대표이사가 중요하다

대표이사 또는 회장은 조직의 대표자이자 최고 책임자로서 권한과 책임을 가지고 있으며 이를 통해 소정의 목표를 이루도록 노력해야 한다. 스스로는 물론 임직원과 회원 한사람 한 사람이 회원과 사회를 위해 헌신하고 봉사하고 있다는 인식을 갖게 해야 한다. 적어도 "나는 회원을 위한 자원봉사자다."라는 마음 다짐을 해야 한다. 그러나 이는 쉬운 게 아니다. 회장 자리는 감투다. 한두 번 회장님 소리 듣고 행사나 모임에서 연단에 오르거나 헤드테이블에 앉게 되거나 의전儀典을 받게 되면 자신도 모르게 힘을 느끼게 된다.

여러 번 반복되고 자신의 타이틀에 익숙해지면 상황은 달라진다. 누가 인사를 안 하거나 못 본 척 지나치거나 인사 소개에서 순서가 조금만 뒤로 처지면 '내 완장을 몰라보다니.' 하면서 서운해하거나 무시당한 느낌으로 기분이 상하여 이를 주변에 푸념하는 경우도 종종 있다.

회장이 그 직을 제대로 수행하려면 '머리와 손발'이 있어야 한다. 즉 조직의 경영 방침과 전략을 세우고 이를 시행하기 위한 집행력이 뒷받침되어야 한다. 머리는 회장 자신이 될 수도 있고 스마트한 임원일 수도 있다. 또한 상근 임직원에서도 나올 수 있다. 손발은 업무의 성격에 따라 다양한 임직원이나 회원 중에서도 찾아볼 수 있다. 중요한 것은 머리와 손발이 척척 맞아 돌아가야 한다. 이를 위해서는 조직이 나아가려는 방향이나 목표, 비전을 공유하고 구체적인 실행 계획을 짜고 수행하는 것이다. 이를 위해 업무추진 프로세스를 점검·확인하고 역할 분담을 하며 성과를 체크해야 한다.

대표는 힘power이 있어야 한다

대표이사의 리더십은 어디에서 나오는가? 대표이사는 리더십의 구성 요소인 파워power가 있어야 한다. 기본적이고 공통적으로 친화력과 인품을 갖추면 모두가 좋아할 것이다. 그러나 이러한 특성은 개인에 따라 다르며 이보다 단체의 리더가 되기 위해서는 현실적인 힘을 갖추어야 한다. 이 힘은 상대가 무엇을 하고 그 대가를 원할 때 이를 제공해 줄 수 있는 보상력, 힘의 우위를 이용해 상대가 따르게 만드는 강제력, 합법적으로 주어진 권한, 널리 알려져 좋은 이미지를 가지고 있는 명망, 한 분야에서 실력과 경험을 인정받는 전문성에서 나온다. 이와 같은 힘에서 단체의 특성을 고려하면 경제력, 명망, 전문성을 우선적으로 고려해야 한다.

비영리단체장에게 필요한 세 가지 힘

- 경제력

- 명망

- 전문성

우리나라의 단체는 단체장의 경제력을 중시한다. 단체장의 경제력이 없으면 자칫 단체장이 급여나 비용을 요구하게 될 가능성이 높다. 단체가 규정에 의해 정당한 비용을 제공하면 몰라도 그렇지 않은 경우 단체장이 단체에 경제적으로 의존하는 일이 있어서는 안 된다. 기왕 단체장이 경제적 여유가 있다면 회장분담금도 내고 이외에도 후원금이나 기부금을 통해 단체의 재정에 도움을 줄 수도 있다. 특히 설립 초기나 재정 상황이 여의치 않은 단체라면 이러한 대표자의 경제력이 단체경영에 도움이 된다.

단체장이 사회적으로 명망이 있는 경우에는 대외 협력이 원활하게 이루어질 수 있다. 단체의 얼굴이 단체장이므로 사회적인 인지도가 높으면 개인 브랜드가 단체의 이미지를 높이는 데 크게 기여하게 된다. 또한 업무적으로도 실무자가 일일이 찾아가도 해결되지 않는 것도 단체장을 소개만 해도 우호적이고 부드럽게 업무가 진행될 수도 있다. 다수의 단체가 유명 인사나 고위직 출신을 대표로 영입하는 이유다.

단체장이 단체의 특성과 전문성을 이해하는 인물인 경우도 많다. 전문 자격자나 신분 자격자 단체의 경우 단체 운영에 그 분야의 학식과 경험이 필요하다. 일부 단체는 자격 소지자를 상근 회장(대표이사)으로 선임하기도 한다. 이런 경우에는 회원 중에서 대표를 선출하거나 드문 경우이지만 외부 전문가를 영입하기도 한다.

대부분의 단체에는 감사를 두고 있다

이사와 별도로 단체의 운영 전반을 모니터링하고 문제 예방과 개선의 역할을 하는 감사가 있다. 감사는 대부분의 단체에 두고 있지만 반드시 두어야 하는 자리는 아니다. 일반적으로 잘못이 발생하더라도 내부적으로 조용하게 해결하기 위해 회장이나 이사들의 측근을 임명하거나 형식적인 자리로 여기는 경향이 있다. 그러나 감사의 적절한 역할은 단체의 투명성 확보와 단체의 합리적인 관리와 운영에 반드시 필요하다.

감사는 법인 내부 사무의 집행을 감독하는 권한을 가지나 법인을 대표하는 기관이 아니므로 감사의 성명, 주소를 등기하지 않아도 된다. 감사는 ① 법인의 재산 상황 ② 이사의 업무 집행 상황 ③ 재산이나 업무에 관리 소홀이나 부정을 총회 또는 주무관청에 보고하거나 이에 따른 총회 소집을 한다.

감사는 이사와 마찬가지로 선량한 관리자의 주의로 직무를 수행해야 하며, 이를 위반하면 손해배상의 책임을 지게 된다. 감사가 주무관청의 법인에 대한 검사·감독을 방해하거나, 주무관청 또는 사원 총회에 허위 사실의 신고나 사실 은폐의 경우에는 500만 원 이하의 과태료 처분을 받는다.

협회·단체의
구성체를 살펴라

이사회를 원활히 해야

이사회는 이사 전원으로 구성된 의결기관이다. 이사회는 법인의 당연한 기관으로 정하고 있지는 않다. 다만 정관에 이사회를 두도록 한 경우 이사회의 기능과 의결 사항을 정하고 있다. 민법상 이사가 여럿 있는 경우 정관에 다른 규정이 없으면 법인의 사무 집행은 이사의 과반수로써 결정한다. 비교적 사안이 중대한 정관 변경이나 법인 해산의 의결 등은 재적이사 3분의 2의 찬성으로 의결하도록 하고 있다.

이사회의 의결 사항은 다음과 같다.

- 법인의 예산, 결산, 차입금 및 재산의 취득, 처분의 관리에 관한 사항

- 정관 개정에 관한 사항

- 법인의 해산에 관한 사항

- 임원의 임명과 해임에 관한 사항

- 기타 정관에 이사회의 권한으로 규정한 사항

- 법인의 운영상 중요하다고 이사장이 부의하는 사항 등

이사회는 회원을 대표하도록 구성

이사회는 의사 결정은 물론 단체의 업무 집행에 미치는 영향이 큰 기구이므로 가능하면 객관성과 공정성, 전문성, 대표성을 함께 검토하여 이에 적합한 이사로 구성하는 게 바람직하다. 대부분 이사회는 선출직 이사로 구성한다. 또한 선출이사가 아니면 의결권을 제한하는 경우도 있다. 하지만 이사회가 배타적으로 구성·운영되어서는 안 된다. 이사회의 구성은 내외부의 조화, 비상근 임원과 사무국의 조화, 이질적인 내부구성원 즉 회원의 대표성을 적절하게 고려하여 구성하고 이를 바탕으로 운영되는 게 바람직하다.

다양한 이사로 이사회를 구성한 사례를 살펴보자. 대한영양사협회의 이사 구성은 선출직 이사, 비례이사, 임명직 이사로 구분하고 있다. 이사회가 회원을 대표하므로 의사 결정에서도 이를 반영할 수 있도록 신분별, 기능별 또는 업무 영역별 대표성을 가진 이사로 이사회를 구성한다. 또한 임명직 이사의 정수를 정하고 그 범위 내에서 외부 전문가나 저명인사를 사외이사로 참여하도록 한다.

또 다른 예로 대한소방시설협회의 이사회 구성을 살펴보자. 이 협회는 사업 분야별로 이사 정원을 배정하여 선출하고 있다. 총 20명 이내의 이사 중 상근 이사 1명을 제외하고 나머지는 비상근 이사로써 공사업 13명, 설계업 2명, 감리업 3명, 방염업 1명으로 정하고 있다. 부회장 4명도 이와 같은 방식으로 구분하고 있다.

모두의 총회를 만들라

총회는 법인의 필수 기관이자 최고 의사 결정 기관이다. 정관을 정하는 일은 물론 정관에 정하지 않은 일에 대해서도 최종 의결권을 갖는다. 구성원(사원, 회원, 대의원)은 평등한 지위에서 총회에 참석하여 법인의 운영에 관한 의사 결정의 권리를 가진다. 기본재산의 변동이나 임원 선임은 물론 이사의 대표권도 총회의 의결에 의하도록 되어 있다. 이와 같은 맥락에서 단체의 중요한 의사 결정은 총회를 빼고는 생각할 수 없다. 감사의 선임도 정관에 없다면 총회에서 정하며 감사의 직무 또한 총회 소집과 보고를 하도록 하고 있다. 사단법인의 사무는 정관에 정한 바가 없으면 총회의 결의에 의해서 이루어져야 한다.

회의 참석과 표결하기

대부분 단체에서는 총회의 소집과 결의, 결의 방법과 의사록의 작성 등 총회에 관한 사항을 정관에 정하고 있으며 이는 민법의 사항을 준용하거나 이에 더하여 추가적인 사항을 마련하고 있다. 가장 중요한 것은 총회의 개최와 안건의 처리다.

총회는 통상총회(정기총회)와 임시총회가 있다. 통상총회는 1년에 1회 이상 정관에 정한 시기에 개최한다. 소집 시기를 정하지 않은 경우에는 이사가 정한다. 임시총회는 ① 감사 ② 이사 ③ 총 사원 5분의 1 이상(정수는 정관에서 정해도 됨)이 회의의 목적 사항을 제시하여 청구하는 경우 등에 소집된다. 사원 총회의 소집은 정관에 따른 방법으로 1주일 전에 그 회의목적을 통지한다.

회의 소집의 유의사항 날짜 계산

총회를 2월 18일 10시에 개최하기로 했다. 정관에 "총회 개최일 1주간 전에 통지해야 한다."라고 되어 있다. 그렇다면 회의 통보는 언제 해야 유효한가?

회의 소집에서 주의할 점이 있다. 회의 개최 통보 일자를 정하는 문제다. 민법 제157조(기간의 기산점)는 '기간을 일, 주, 월 또는 연으로 정한 때에는 기간의 초일은 삽입하지 아니 한다. 그러나 그 기간이 오전 0시로부터 시작하는 때에는 그렇지 않다'라고 정해져 있다. 정관에 회의 개최일이 2월 18일 오전 10시인 경우 개최일 18일은 빼야 한다. 그러므로 17일이 된다. 여기에서 1주일(7일)을 빼면 2월 10일이다. 즉 2월 10일 24시 이전에 통보해야 한다. 반대의 경우 2월 10일 24시 이전에 회의 통보를 하면 가장 빠른 시한은 일주일(7일)이 지난 2월 17일 자정을 넘긴 시점이므로 2월 18일이 된다.

전화로 일시·장소와 안건을 안내하여 소집한 총회나 이사회는 무효인가?

회의 소집 방법과 수단을 정관에 명시했다면 이에 따라야만 유효할 것이다. 그러나 정관이나 회의 규정 등에 특정하지 않았으며, 긴급한 상황이거나 다른 방법을 쓰기가 어려운 부득이한 사정이 있다면 의사 결정에 참여한 모든 구성원이 찬성하고 의결 사항에 이의 제기가 없다면 그 결의는 유효하다.

총회와 대의원

총회의 참여는 회원을 대표하는 대의원을 선발하고 이들을 통해 이루어지는 경우도 있다. 대의원은 총회에 참석하여 발언권과 의결권을 갖는다. 일반적으로 지역이나 기능, 업종, 신분에 따라 일정 정수에 비례하여 대의원을 뽑고 이들이 대의원총회의 구성원이 된다. 단체에 따라 최대정수를 정하는 방법이 있고 회원 수에 비례하여 대의원 수를 가감하는 방법이 있다. 이는 정관에 정하기 나름이다. 다음은 한 협회의 대의원에 관한 정관내용이다.

제25조(대의원)

① 총회를 구성하는 대의원은 70명 이내로 한다.

② 시·도회별 대의원의 수는 대의원을 선출하는 해의 전년도 6월 말일 현재

각 시·도회별 회원의 분포 비율에 따라 이사회에서 이를 배정한다.

위원회를 활용하자

이사회나 총회가 단체의 전반적인 업무에 대한 의사 결정을 하는 기구라면 위원회는 특정 목적을 수행하고자 설치하는 기능조직이라 할 수 있다. 위원회의 설치와 운영도 정관이나 규정에 근거를 마련해야 한다.

일반적으로 위원회는 ① 정관에 정한 상임위원회와 ② 이사회에서 정하여 단체장이 임명하는 특별위원회가 있다. 상임위원회는 인사위원회, 윤리위원회, 운영위원회 등 필수적인 기능을 하는 협의 및 의결기구다. 따라서 이들 위원회는 회의에서 다루는 안건이 단체나 구성원에 미치는 영향이 크므로 그 구성과 위원장 및 위원선출, 회의운영, 표결과 결정사안 등에 대한 항목을 정함에 있어 신중을 기해야 한다.

위원회는 이사회의 보조 역할을 한다

위원회와 이사회의 관계는 상호보완적이다. 한마디로 말하면 이사회의 보조기구라고도 할 수 있다. 이사회는 의안을 위원회에 의뢰하여 심의하도록 할 수도 있으며 이때 위원회의 심의 결과는 효력이 발생하지 않으며 이사회에 결과를 통보하고 여기에서 최종 의결하게 된다. 위원회의 구성과 운영에 관한 내용은 정관에 정한다. (사)대한배드민턴협회의 정관에 정한 위원회 설치에 관한 조항을 살펴보자.

제37조(각종 위원회의 설치)

① 협회는 사업수행과 목적 달성을 위하여 이사회자문기구로 경기력향상위원회, 선수위원회, 경기위원회, 심판위원회, 생활체육위원회 등 위원회를 설치한다.

② 협회는 필요에 따라 이사회 의결로 제1항 이외의 위원회를 설치할 수 있다.

③ 위원회의 위원은 7명 이상(위원장, 부위원장 포함)으로 구성하여야 한다.

④ 위원회 위원은 다른 위원회 위원을 겸임할 수 없으며, 동일 대학 출신자 및 재직자가 재적위원수의 20%를 초과할 수 없다.

일반적으로 많은 단체에서 채택하고 있는 위원회 설치와 구성, 운영에 대한 기본 사항은 다음과 같이 요약된다.

ⓐ 위원회는 이사회의 자문기구로서의 기능을 수행한다.

ⓑ 정관에 기본위원회를 정하고 각종 위원회를 추가로 설치할 수 있다.

ⓒ 각종 위원회의 설치는 이사회의 의결로 정하도록 하였다. 이는 기본적으로 정관에 명칭이 명시된 위원회는 정관 변경에 의해 가감할 수 있으므로 총회 의결 사항이 되기 때문이다.

ⓓ 위원회 위원은 하나의 위원회 위원만 맡도록 겸직 금지의 원칙을 적용했다.

ⓔ 이사회와 마찬가지로 위원회 멤버의 구성은 특정 파벌의 독과점을 방지하고자 일정 비율 이내로 제한하였다. 이는 위원회의 운영이 내부정치로 흐르거나 특정 세력에 의해 좌우되는 것을 방지하기 위한 것으로 해석된다.

다음은 학회에서 정하는 운영위원회의 설치와 구성에 대한 내용을 살펴보자.

제23조 (운영위원회의)

① 운영위원회는 학회장, 이사, 감사로 구성한다.

② 운영위원회의 개최는 운영위원회의 총원의 3분의 2가 참석하였을 때 개최되며 각 의결에 대한 가부는 참석한 운영위원회 과반수에 의한다. 다만 감사는 의결권이 없다.

여기서는 운영위원회의 구성에 이사를 포함함으로써 운영위원회가 이사회와 별다른 차이가 없다는 점에서 실효성이 있어 보이지 않는다. 운영위원회에 참여하는 이사의 일부로 정수를 정하던지 아니면 이사회로 대체해도 무방하다.

큰 조직에서는 분과위원회를 둔다

큰 단체에서는 상임위원회에 더하여 필요에 따라 분과위원회를 두기도 한다. 다양한 분야의 현안이나 구성원의 목소리를 몇몇 위원회에서 담당하기에는 부적정하거나, 세부적이고 전문적인 사안을 별도로 검토해야 하는 경우에 분과위원회가 필요하다. 분과위원회는 주로 단체의 업무 영역을 기능별로 분류하여 이를 활성화하거나 확장하려고 하는 경우에 설치한다. 또한 회장이나 이사회에서 필요하다고 인정되는 경우에 설치한다. 사례를 살펴보면 대한영양사협회는 아래와 같이 영양사가 속한 조직의 특성과 신분상의 특성을 고려하여 다양한 분과위원회의를 구성했다.

| 회원특성을 살린 위원회의 구성: 대한영양사협회 |

조직별	신분별
전국산업체영양사회 전국병원영양사회 전국학교영양사회 전국보건복지시설영양사회 전국어린이급식관리지원센터영양사회	전국영양교사회 건강상담영양사회

④

지회 또는 지부와 협력하라

    지회(지부 또는 분사무소, 지역본부 등)는 본회의 지역 단위 조직이다. 대다수의 단체는 중앙조직은 서울이나 특정 지역에 본회를 두고 시도 단위 또는 시군 단위의 지역조직을 둔다. 지역조직의 장은 지회장, 지부장, 지역본부장 등의 명칭을 사용하며 지역의 회원들에 의해 선출된다. 지회 운영은 본회의 지침이나 방침에 따라 움직이며 본회의 하부 조직의 역할도 수행하며, 지회장의 일부 또는 전부가 본회 이사회의 구성원이 되기도 한다. 또한 지회는 본회의 정관에 위배되지 않으면 정관에 정한 사항 이외의 사항에 대해 자체적인 규정을 만들어 시행할 수 있다. 일부 단체에서는 지회를 별도의 독립적인 비영리법인으로 하는 경우도 있다. 그럼에도 지회가 회원에게 회비를 받아 본회에 넘기고 그 일부를 지회가 재 배정받거나 아예 본회가 회비를 징수한 후 지회에 주기도 한다. 단체가 지회를 설치하는 경우는 정관변경을 하고 주무관청에 허가를 받아 등기하여야 한다.

    단체의 운영에 있어 지회와의 갈등이나 마찰도 종종 발생한다. 이는 본회와 지회, 또는 지회와 지회 간의 관심이나 이해관계가 다른 경우 본회에서 일관적인 조정이 어려운 경우에 발생한다. 지회의 결정이 본회의 입장이나 이해관계에 반할 때가 있다. 이 경우 지회의 권리능력에 대한 의견이 분분하다. 무조건 본회의 결정에 따라야 하는지 독자적인 의사 결정이 인정되는지가 모호해진다. 이런 경우 지회의 특수한 사정에 의해 결정되었음을 인정받기 위해서는 지회가 독자적인 규약이나 정관, 기관(지회장, 부회장, 이사, 감사 등)과 의결기관(이사회, 총회 등)을 갖추어야 한다. 그러나 통상적으로는 본회의 정관이나 규정이 우선 적용된다.

협회·단체의
인프라를 갖추자

정관과 규정은 자치법이다

단체는 '요동치는 조직'이라고 한다. 다수의 사람들이 모여서 이룬 집단이다 보니 언제 어디서 무슨 일이 벌어질지 모른다. 신경을 써야 할 일도 한둘이 아니다. 단체의 리더나 직원들은 다양하게 벌어지는 상황에 대응해야 한다. 회원이 이탈하고 재정난에 처하고 업무가 계획대로 되지 않는 등의 상황을 대처하려면 개인의 노력과 힘으로는 한계가 있다. 일이 잘못되면 회장이나 임직원에게 책임이 돌아간다. 단체는 이러한 경우 핵심 원칙과 절차를 얼마나 충실하게 이행했는가를 평가받게 될 것이다.

임직원의 자의적 해석이나 주관에 의해 일처리를 하는 경우 그로 인한 결과에 책임을 피하기는 어렵다. 따라서 원칙과 절차를 준수하는 것은 객관적이고 합리적인 업무 처리의 증거가 될뿐더러 다수의 회원이나 이해관계자에게 "규정대로" 또는 '합의에 따라' 일을 했다는 사실을 입증해 준다. 단체는 "내가 책임지면 되지."라고 말하며 개인의 재량권을 마음껏 쓸 수 있는 조직이 아니다. 단체의 회장도 근원적으로는 '이사' 중의 한명이며 위임을 받아 대표 역할을 하는 것이다.

법이나 정관에서 말하는 '회장은 ○○ 할 수 있다'는 조항에서의 회장은 자연인이 아니고 대표의 행위를 말하는 것이다. 내부 규정이나 운영 시스템이 제대로 구축되어 있으면 이에 따라 조직 운영의 안정성을 도모할 수 있다. 특히 사무국의 세부적인 부분까지 관리가 가능하도록 정관, 내규(내부 규정), 운영 지침, 업무 절차서 등을 갖출 뿐만 아니라 위임 전결 규정에 의해 상급자와 하급자의 업무도 구분해야 한다

정관은 단체의 '법'이다

정관은 법인의 조직·활동을 정하여 내부를 구속하는 규칙이다. 구성원이 반드시 지켜야 하는 법규다. 그러므로 이사가 정관에 위반한 행위를 하면 법인의 손해에 배상을 해야 한다. 정관에 절대적으로 기재해야 하는 사항은 법에 정하고 있다. 이를 누락하거나 적법하게 기재하지 않으면 정관은 무효가 된다.

정관에는 다음 사항을 기재하고 기명날인 하여야 한다.

① 목적

② 명칭

③ 사무소의 소재지

④ 자산에 관한 규정

⑤ 이사의 임면에 관한 규정

⑥ 사원 자격의 득실에 관한 규정

⑦ 존립 시기나 해산 사유를 정하는 때에는 그 시기 또는 사유

⑧ 이사의 대표권 제한을 정하는 경우 그 내용

이외의 사항은 정관에 추가하거나 정관의 개정을 통해 정하면 된다. 정관 변경은 총 사원 3분의 2 이상 동의가 있어야 할 수 있으며 정관에 의결정족수를 달리 정해도 된다. 정관 변경은 주무관청의 허가를 얻고 법원에 등기를 해야만 효력이 있다.

운영 규정은 실무적인 집행기준

일반적으로 단체에서 운영되는 규정은 정관, 규정, 규칙, 지침 등이 있다. 이러한 규정 들은 명칭이 다름에도 불구하고 정관이 기본이 되며 정관에서 별도로 위임되지 않은 한 그 내용이 정관과 중복·상충되어서는 안 된다. 정관에 정하지 않은 사항은 정관에 '별도의 규정에 따른다'는 조항을 두면 된다. 정관이 아닌 규정은 이사회를 거쳐 정해도 된다. 단체에서 사용되는 규정은 아래와 같다.

| 단체에서 사용되는 규정의 예 |

분야	규정
기획·감사	예산 규정, 방침 관리 규정, 윤리 규정, 감사 규정, 내부 고발 규정
조직 운영	조직 규정, 직제 규정, 복무 규정, 업무 분장 규정, 위임 전결 규정, 임직원 행동 강령, 회의 규정, 사회 규정, 총회 규정, 위원회 규정, 인사위원회 규정, 노사 협의회 규정, 단체 협약 규정
총무서무	자산 관리 규정(고정자산, 비품, 차량, 건물), 인장 관리 규정, 행사 운영 규정, 문서 관리 규정, 비서 업무규정, 보안 관리 규정
채용교육	채용 규정, 교육 훈련 규정, 상벌 규정, 성희롱 예방 관리 규정
인사급여	인사 관리 규정, 급여 규정(성과급, 초과·가족수당 등), 상여금, 퇴직 및 퇴직금 규정
휴가복리	복리후생 규정, 경조금 규정, 상조 규정, 휴가 규정, 재해 보상 규정, 안전보건 관리 규정

② 직무를 분장하자

어느 조직이든 구성원 각자의 역할이 정해져 있다. 그것이 관행이나 관습에 의하든 규정에 의하든 업무의 효율성과 책임성을 구현하는 데 필수적이다. 조직에서 업무가 제대로 배분되지 않으면 업무의 혼선과 의견 불일치, 책임의 전가, 팀워크의 약화, 지휘 라인의 중첩, 권한의 남용과 오용 등으로 업무효율성이 저하되고 혼란과 갈등의 원인이 되기도 한다. 따라서 '직무 분장'을 통해서 직무의 범위를 정한다. 조직 전체의 직무를 부서나 개개인에게 배분하며 이에 따라 책임과 권한을 부여한다. 수직적인 상하 관계에서는 결재 라인을 정하고 직급 또는 직위에 따라 결재의 범위를 정한다. 조직에서 업무적 갈등의 원인은 직무 분장이 모호하거나 전결 규정이 미비한 경우에 발생한다. 대부분의 단체는 직무 분장과 전결 규정을 통해 업무의 영역을 구분한다.

직무 분장은 추가 인력을 필요로 할 때 기존의 인력과 새로운 인력의 업무 배분에도 적용된다. 이는 개인의 업무는 물론 조직(부서) 간의 업무도 포함된다. 조직이 커지면 여러 개의 부서를 두게 된다. 단체의 업무 분장은 전체 업무를 쪼개어 부서별로 업무를 분장하고 각 부서 내부에서 개인별로 재 분장한다. 가장 간단한 방법은 기능을 분류하여 조직도로 만들고 이에 업무를 담아내는 것이다. 조직도는 업무 분장과 위임 전결 규정의 대강을 정하는 상징성을 갖게 된다.

위임을 잘해야 한다

조직에는 상하 관계에서 이루어지는 업무가 많다. 업무과정에서 벌어지는 각종 갈등과 불평·불만, 그리고 이로 인한 사건 사고도 상당수가 상하 관계에서 발생한다. 그 원인의 하나는 상사와 부하의 업무 영역이 상충되는 경우에 있다. 이를 해소하지 않으면 부하가 상사의 결재나 동의도 없이 일처리를 한다든지, 상사가 부하의 업무 처리를 해 버리는 경우가 발생한다. 따라서 이러한 혼선을 최소화하려면 적정 수준에서 위임 전결이 있어야 한다.

위임 전결은 상급자의 권한을 하급자가 대신 수행하도록 하며, 이는 상급기관과 하급기관의 관계에서도 이루어진다. 위임 전결 규정은 업무 수행상 직책별 전결 사항을 정하여 권한과 책임을 명백히 밝힘으로써 신속한 업무 처리와 업무 능률의 향상을 도모하는 데 목적이 있다. 전결권자는 위임된 권한을 성실히 수행하여야 하며 전결 처리 사항에 관해 감독상의 책임을 진다. 위임 전결을 통한 업무의 효율성 및 성과를 높이려는 울산강남교육지원청의 사례를 살펴보자.

울산강남교육지원청은 '위임 전결 규정을 개정 시행한다'고 밝혔다. 신설, 변경, 이관되는 업무의 책임과 권한을 구체적이고 명확히 하여 사무처리 효율성을 도모하고자 함이다. 교육지원청은 "이번 개정으로 결재권 비율이 교육장 9%, 국장1.4%, 과장 20%, 팀장 및 담당자 10% 가 상향 조정됐다."라며 "기관장과 국장 이하의 전결 비율을 높여 의사 결정의 신속성과 효율성을 구현하도록 노력할 것"이라고 말했다.

각자의 업무 영역을 지켜야

회장은 기본적인 사업 계획이나 이사회나 총회의 안건, 대외적인 행사나 협력 관계에서 대표로서의 참여나 의사 결정을 하며 예산과 결산, 상벌, 주요 임원의 인사 등에 한해 직무를 수행한다. 부회장은 회장을 보좌하고 유고 시 직과 업무를 대행하는데 부회장이 여럿이 있는 경우에는 선임자나 나이가 많은 자가 하게 된다. 비상임이사는 이사회나 총회의 안건에서 주요 업무가 다루어지므로 사전에 안건 검토나 내용을 확인한다.

회원은 단체의 업무에 직접적으로 참여하기는 어렵다. 하지만 총회 자료나 공지 사항, 각종 행사나 사업의 참여를 통해 자신의 의사나 주장을 펼칠 수 있다. 또한 투표권을 통하여 단체의 의사 결정에 참여할 수 있는 권한이 있다. 사무를 직접 처리하는 상근 임직원은 직무 분장에 따라 일을 해야 한다. 특히 단체를 대신하여 전문성과 책임감을 가지고 직무를 수행해야 한다. 직무 분장과 위임 전결은 직무 수행 가이드라인이다.

단체의 업무는 직무 분장, 위임 전결 규정 외에도 조직도에 대강의 직무를 표시하며 업무 안내나 업무별 담당자 안내의 형식으로도 나타내고 있다. 또한 조직의 위계에 따라 상임이사, 본부장, 실장, 부장, 팀장, 과장 등의 직급에 맞추어 업무의 책임과 권한, 업무 영역을 정하여 수행하고 있다.

③

원만한 소통 문화를 만들자

소통은 사실과 정보 그리고 생각을 서로 전하는 일이다. 그 이유는 소기의 목적을 달성하기 위한 것이다. 양자 또는 다자의 관계에서 사람들이 서로 다른 기능을 수행하지만 공동의 목표를 달성하기 위해서는 이러한 상이한 기능을 조율해야 할 필요가 있다. 이는 소통이 없으면 불가능하다.

단체만큼 소통이 필요한 조직은 드물다. 그만큼 소통해야 할 일과 대상이 많기 때문이다. 소통 대상이 임원, 회원은 물론 정부, 사무국, 다른 단체, 언론 등 다양하다. 소통이 중요하지만 정작 원활하게 하기는 그리 쉽지 않다. 그만큼 단체에서 벌어지는 현안을 소통으로 풀어 나가기가 쉽지 않기 때문에 단체장의 선출시기만 되면 후보자들이 저마다 "소통을 최우선으로 하겠다."라는 공약을 내놓는 것이다.

소통의 방법

일반적으로 내부의 의사소통은 상·하급자 간 또는 동료 간에 이루어진다. 단체에서의 의사소통은 다른 조직의 계층 구조에서의 그것과는 다르다. 최고의 지위에 있는 회장이라 해도 형식상 상하 관계에 있는 이사나 회원과 지시하고 복종하는 관계는 아니다. 상하 관계에서는 사적인 대화보다 공식적 의사소통이 중시되는데 위로는 업무 보고를, 아래로는 결재나 업무 조정을 통해 이루어진다.

조직원 또는 부서 간 소통은 협력이나 협조의 행위다. 조직의 상급자는 상위 목표를 달성하기 위해 정보 공유와 협조를 해야 하는 만큼 소통의 촉진자로서의 역할이 필요하다. 이는 이사회, 간부 회의, 주간 또는 월간 회의, 심사 평가 회의, 프로젝트 추진 회의, 결재 시 참고나 협조 사인 등을 통해서 할 수 있다.

비공식적인 소통도 고려해야

공식적인 의사소통과 더불어 비공식적인 의사소통 또한 중요하다. 비공식적 의사소통은 조직의 공식 라인이 아닌 개개인간에 이루어지는 의사소통이다. 평소의 사적 대화, 잡담이나 루머 등이 있다. 이는 공식적인 절차나 형식을 요하지 않고 비교적 개인적인 인간관계에서 자연스럽게 표출되므로 공식적인 면담이나 건의 등으로는 하기 어려운 솔직하고 비밀스런 내용이 오갈 수 있다. 다만 허위 정보나 낭설에 불과한 경우가 있고 비선 라인에 의한 의사 결정과 갈등을 불러일으킬 소지가 있다.

소통을 위한 준비 사항

소통은 저절로 되지 않는다. 단체가 소통이 되는 조직이 되기 위해서는 다음의 몇 가지 준비를 해야 한다.

① 소통을 업무 활동의 우선순위로 삼을 것
② 소통을 위한 수단과 방법을 마련할 것
③ 소통 노하우를 습득 실천할 것.

먼저 소통을 단체의 운영에서 기본 이념이나 과제로 삼아야 한다. 무엇을 하든 소통의 필요성을 인식하고 행동 체계를 정해야 한다. 무엇보다 단체장의 소통의지와 소통을 중시하는 태도가 구성원들에게 전해져야 한다. 단체에서 소통이 얼마나 중요하게 강조하고 있는 사례를 살펴보자.

여신금융협회는 회원사와 대외기관 간의 '소통 활성화'를 전략 목표의 하나로 선정했다. 이의 전략 과제로서는 소통과 더불어 전문성, 열정, 신뢰를 꼽았다. 이들은 상호작용을 하는 이념들이다.

소통은 여신금융협회의 핵심 가치이자 전략 과제다

다음은 소통의 수단과 시스템을 점검하고 구축하는 것이다. 직접 대면의 자연스런 기회도 마련하고 SNS나 공유 프로그램 등을 통해 각자의 의사나 주장을 직간접적으로 전달하고 반응하도록 해야 한다. 무엇보다 단체의 목적과 사명, 하고자 하는 사업은 물론 각자의 역할, 진행 상황, 협조 사항 등을 공유하는 게 첫걸음이라 하겠다. 다음은 임직원이 소통 기술과 방법을 익혀야 한다. 말로만 글로만 소통을 강조한들 실제로는 각자의 소통 방식으로 불통을 하는 경향이 있기 때문이다. 따라서 소통과 관련한 교육이나 역할 연습을 통해 기본적인 의사소통의 지식과 스킬을 익히도록 해야 한다.

④
성과지표를 활용하라

비영리단체는 영리단체인 회사나 조합과는 목표나 성과가 다르다. 영리조직은 소비자 또는 고객이라는 상대를 물품이나 서비스로 만족시키고 경제적 이익을 얻는 게 목적이다. 단체는 다양한 이해관계자를 가지고 있으며 이에 따라 성과 또한 단순 명확하지 않다. 성과 관리는 성과를 정하고 측정하고 그 결과를 활용하는 것이다. 단체의 성과는 목적이나 목표의 달성도를 평가하게 된다. 성과 관리는 정한 목표를 달성하도록 하고, 그 과정에서 조직원의 역량을 최대한 이끌어내고, 갈등을 해소하며, 결과에 의해 신상필벌을 함으로써 근무 효율과 성과를 제고하며 일의 보람과 조직의 이익을 실현하는 데 있다.

이사와 회원, 주무관청, 사무국 직원 등 다양한 관점을 고려해야 한다. 단체의 성과에 관한 활동은 다음의 네 가지 질문을 통해 정리해 볼 수 있다.

• 어떤 것이 성과인가?

• 누가 성과를 측정하는가?

- 성과를 측정하는 방법과 기준은 무엇인가?

- 측정된 성과는 어떻게 활용할 것인가?

　단체의 성과는 조직 운영의 결과로서 나타난다. 성과는 경제적인 성과와 비경제적인 성과로 구분된다. 단체는 수익을 목적으로 하지는 않지만 단체 운영에 필요한 수준 또는 향후 발전을 위한 사업의 추진에 필요한 수준의 수익을 거두어야 한다. 또 하나는 회원 만족이나 대외적인 이미지나 영향력을 나타내는 것을 성과로 볼 수 있다. 두 가지 성과 모두 객관적이고 합리적인 결과를 도출하려면 가급적 정량적인 방식으로 측정이 가능하도록 지표를 설정해야 한다.

　또한 단체 운영과 관련하여 단체의 지배 구조, 경영 효율성, 회계 투명성, 인사 관리 등의 운영 체계에 대한 평가를 통해 이들이 개선된 정도를 성과로 삼기도 한다. 이러한 성과지표와 더불어 성과 목표치를 설정해야 한다. 과거의 실적과 향후 전망을 면밀하게 분석하고 이에 근거하여 달성이 가능한 범위 내에서 정하는 게 좋다. 상사의 입장에서는 최대치를 정하려 하고 실행하는 입장에서는 최소치를 잡으려하는 경향이 있다. 또한 목표를 달성하고자 하는 기한도 정하되 중간 점검을 하여 미흡하면 더 분발함으로써 차질이 없도록 해야 한다.

평가 방법과 기준은 무엇으로 하는가?

　간단하다. 일단 업무 계획이나 성과 계약서를 기준으로 하면 된다. 매년 수립하는 업무 계획은 한 해의 목표가 설정되어 있고 추진 방법도 명시되어 있다. 따라서 이의 달성을 평가하고 성과로 환산하면 된다. 또한 연초에 각자의 업무를 정하고 이에 대해 성과 계약을 한 후 계약의 이행 정도를 보는데, 작년 대비 몇 퍼센트가 증가했는지, 특정 프로젝트의 경우 달성 여부를 기준으로 한다. 하위 직원의 진행율과 목표 달성 여부가 모여서 상위자의 성과가 되고 이를 모아 전체 조직의 성과로 삼으면 된다.

일반적으로 통용되는 아래의 성과 평가 방법을 활용하는 것도 필요하다.

- 균형성과 평가 제도Balanced Score Card: 재무 및 경영 전략 지표 반영
- 핵심 성과 지표Key Performance Indicator: 특정 대상·시간 성과 측정
- 목표와 핵심 결과Objectives & key Result: 정량적, 시간 척도 측정
- 목표 관리Management by Objective: 목표 제시 후 실행은 위임

누가 누구의 성과를 측정하나?

다음은 누가 누구의 성과를 측정할지를 정해야 한다. 측정대상에 따라 이에 적합한 측정자가 정해진다. 성과 측정의 임무는 이사에게 있다. 이사는 단체의 업무 전반에 대한 권한과 책임을 지고 있으므로 성과 평가 또한 본연의 직무라 할 수 있다.

그러나 이사들은 평가에 대해 ① 귀찮다 ② 어렵다 ③ 불편하다고 여긴다. 자신의 본연의 임무라고 생각하지 않을 뿐만 아니라 시간을 내서 참여하는 자체가 부담스럽기 때문이다. 막상 평가를 한다 해도

평가 과정을 이해하고 평가 기법이나 요령 등을 숙지해야 한다. 평가 교육을 받고 평가서를 작성하고 평가 회의를 해야 한다. 또한 평가를 하면 특정 사업이나 사람을 등급화rating하거나 점수를 매겨야 하는데 이는 평가자에게 심리적 부담을 느끼게 한다. 공사를 구분하고 온정 주의를 배제하고 편파적이지 않도록 해야 한다는 부담과 함께 자칫 책임을 지거나 해명을 하거나 원망을 들어야 하는 일이 발생할 수도 있기 때문이다. 그러나 성과 평가를 마치 시험을 보거나 감사를 한다는 생각으로 할 필요는 없다. 여러 평가자들의 평가를 종합해서 정하므로 개인적인 부담을 가질 필요는 없다.

외부에 맡겨서 평가하는 방안

이상의 요인으로 평가에 참여하기가 어렵다면 대안을 찾아야 한다. 내부적인 공정성이나 신뢰의 문제가 우려된다면 외부 전문 기관에 의뢰하기도 한다. 이는 비용과 시간, 내부 정보의 보호, 프로젝트를 담당할 직원, 정부와의 협의 등을 필요로 한다. 외부의뢰가 부담스러우면 자체 평가단이나 평가 위원회를 구성하고 여기에 외부 전문가를 참여시키는 방안도 있다. 이는 적절한 인원 선정과 내부적인 기획력이 받쳐 주어야 한다.

평가 결과의 활용이 중요하다

가장 중요한 단계는 활용이다. 성과의 달성 여부나 달성 수준을 측정하면 이에 대한 후속적인 조치가 뒤따라야 한다. 일단 성과 평가의 경위와 결과를 이사회에 보고하거나 논의토록 한다. 또한 신상필벌에 따라 목표를 달성하면 그에 맞는 인센티브를 주도록 한다. 성과급을 지급하거나 승진이나 전보 등의 인사에서 보상을 해 해준다. 미달한 경우에는 주의나 경고를 통해 시정 보완하도록 하고 조직에 피해를 입힌 결과라면 징계나 처벌도 고려해야 한다. 그러나 평가 회의를 통해 미흡한 점에 대한 원인을 찾아내고 앞으로 발전적인 방안이 무엇인지를 공유하고 후속 조치를 취하는 게 바람직하다.

마지막으로 평가 전 과정과 결과에 대한 계획서, 평가서, 보고서 등 관련 서류 일체를 보존 연한과 비밀 등급을 부여한 후 보관·승계되도록 하는 것을 잊지 말아야 한다.

협회·단체,
사무국이 경쟁력이다

①
사무국 기능은 구성에 달려 있다

단체의 사무국은 직제와 정원을 정하고 보직·전보·승진 등의 인사 발령을 통해 구성원의 위계와 업무 배분이 이루어진다. 사무국을 총괄하는 자리에는 여러 형태의 직위를 두는데 ① 대규모 단체는 상근 회장, 상근 부회장, 상근 이사 ② 중규모의 단체는 상근 이사나 사무총장 ③ 소규모의 단체는 사무국장이나 관리팀장을 선임한다. 그러나 이러한 상근직의 선임이 절대적인 기준은 아니며 단체의 업무량, 인력이나 예산 등의 사정을 감안하여 정하면 된다.

실무 책임 부서는 국장이나 본부장 체제로 조직을 구성한다. 그리고 기능별로 팀장, 실장 또는 부장 체제로 하부 실행 조직을 둔다. 기능별로는 기획, 재정, 총무, 법률, 홍보의 관리운영 파트와 사업, 국제, 인증, 교육 또는 연수원, 연구소, 정보 센터와 같은 사업 파트로 구분한다. 아래의 조직 편성은 여러 개의 협회·단체의 조직도를 참고하여 표준화된 업무 영역의 부서를 제시하였다.

회장							
연구원 연수원			상근 부회장 상근 이사 사무총장(국장)		공제사업단 정보 센터		
국장 또는 본부장							
팀장, 실장, 부장							
기획	재정	총무	홍보	사업	전산	연구	교육
비서	회원	감사	법무	국제	인증	자격	시설

② 주요 업무와 역할을 정하자

 사무국은 단체의 경쟁력을 상징하며 이사의 임무 수행에 가장 중요한 파트너다. 사무국은 비상근 이사와 회원을 대리하여 사무를 처리하는 조직이다. 정부로 말하면 행정부의 역할이다. 단체의 사무·관리는 조직의 회원 수나 사업 규모에 따라 다양한 업무 처리가 이루어진다. 따라서 임직원은 이에 맞는 역량을 갖추어야 한다. 사무국의 업무와 역할은 다음과 같이 구분된다.

  ① 기본 업무
  ② 지원 업무
  ③ 부가 업무

지원 부서와 사업 부서로 나눈다

 기본 업무는 단체의 살림살이의 일이다. 회계, 자금 관리, 법률과 정관, 언론 홍보, 행사의 기획과 운영, 회원 관리와 소통, 정보 및 자료

관리, 대관 업무, 갈등 관리, 시설 관리 등 주로 내부의 업무로 이루어진다. 어떤 단체를 막론하고 공통적으로 하는 업무가 해당된다. 지원 업무는 이사를 보좌하는 업무가 해당된다. 이사가 활동하는 이사회, 총회, 각종 위원회 등의 개최와 관련한 안건의 발굴이나 회의 개최 통보와 소집, 회의 안건과 회의장 준비 등의 관리, 회의 진행 보조, 기록 관리, 규정의 해석, 의전과 접대 등의 업무다. 주로 이사의 의사 결정을 도우며, 의사 결정의 당사자는 아니지만 자료의 제시나 제한적인 의견 진술도 할 수 있다. 부가 업무로는 정관이나 직제나 업무 분장에 구체적으로 명시되어 있지 않더라도 새로이 추진하는 일이다. 수익 사업의 발굴과 추진, 신규 프로젝트의 추진, 국제 교류, 그리고 4차 산업혁명과 같은 시대 조류를 반영한 새로운 트랜드의 수용, 기타 이사나 외부의 요구에 의한 업무를 포함한다. 단체의 성장이나 발전을 위한 업무가 해당된다.

아래는 다양한 사업을 펼치고 있는 중소기업기술혁신협회의 부서별 업무 분장의 사례를 요약하여 제시하였다.

담당구분	업무 내용
경영본부장 부장, 차장 과장, 주임	총괄 최고경영자 과정, 여성위원회, 대외 협력 전시, 행사, 총무 총회, 이사회, 지회 일반 회계, 사업 회계, 시스템 관리 인사, 근태
디지털본부장 부장, 과장 대리	총괄 iCON / 한수원 AI 컨설팅 지원 사업 스마트 공장 , 클라우드 서비스 사업 비대면 서비스 바우처, 스마트 공장 지원 사업
일자리본부장 차장, 과장 주임	총괄 인재 양성 및 채용 지원 청년 디지털 일자리, 인재 양성 및 채용 지원 청년 재직자 내일채움공제
글로벌본부장 차장, 주임	총괄 신북방, ODA, 수출 지원 수출 기업 지원
회원본부장 차장, 과장 대리 원장, 팀장	총괄 회원 관리, 이노넷, 마일리지 교육, 회원·인증사 총괄 홍보 기획 / PRDAY
연구소장 책임, 선임	정책 연구, 정책 브리프 제도 기획, 정책 기획, 20주년 백서 실태 조사, 정책 세미나

③
관리와 통제가 필요하다

이사는 사무국 업무에 대해 기획에서 집행, 사후 관리까지 전 과정의 업무 정보를 공유하고 적절한 관리와 통제를 해야 한다. 사무국의 임직원은 임기제 임원보다 장기간 지속적으로 근무하므로 다양한 경험과 전문 지식을 축적하게 된다. 이사는 이들이 축적한 업무 노하우를 잘 활용할 필요가 있다. 또한 비상임의 임원들이 2~3년의 임기가 끝나면 사실상 단체의 업무 관련성이 없어지거나 약해진다는 점에서 임원들의 교체 시 공백을 메우는 가교 역할을 하게 된다. 단체의 사무국은 비상임 무급의 이사와 달리 상임·유급이라는 점에서 보다 철저한 직업 정신을 가지고 직무를 수행해야 한다.

사무국은 단체 운영에 있어서 실질적인 권한과 책임을 가지고 있으므로 이들의 직무 행태와 자세가 단체의 성패를 좌우한다. 따라서 비상근 임원과 사무국의 조화와 협력이 필요하고 이와 더불어 적절한 관리와 통제가 이루어져야 한다. 그럼에도 이사는 사무국의 관리·통제에 대한 이해와 역할이 부족하다. 한국적인 '온정주의' 문화로 인해 공사 구분을 명확하게 하지 못하며, 공식적인 업무에 대한 잘못을 지적하거나 문제에 대한 책임을 추궁하지 못한다. 이는 개인적 감정이나 관계의 훼손을 우려하기 때문이다. 이렇게 되면 문제의 발생을 간과하고 방치하게 된다.

사무국을 통제하는 이유는 이사가 업무를 간섭하거나 주도권을 갖기 위해서가 아니다. 사무국 직원의 근무의욕을 높이고 업무 성과를 높이며, 단체의 목적과 목표에서 이탈하지 않도록 예방하는 것이다.

업무상 과오는 예방이 최선

단체는 문제의 소지가 있는 업무상의 잘못이나 과오를 미연에 방지하는 게 필요하다. 사무국을 관리·통제하는 것은 이사에게 주어진 임무다. 민법 제61조(이사의 주의의무)는 "이사는 선량한 관리자의 주의로 그 직무를 행하여야 한다."라고 되어 있다. 이사회에 참석하거나 안건 검토는 물론 업무 전반을 적극적으로 살펴봐야 한다. 이를 위해서는 이사 개개인의 노력과 더불어 단체가 사무국에 대한 관리 통제 시스템을 갖추어야 한다. 그러한 시스템으로는 일반적으로 개별 업무의 건#단위 관리 통제가 이루어지는 결재 시스템이 있다. 결재는 5단계로 진행되는데 기안-보고-시행-결과보고-후속조치의 과정을 거친다. 그러나 결재 시스템은 상향식으로만 이루어지므로 소극적이고 형식적인 측면이 있다. 따라서 폭넓은 관리 통제를 위해서는 다음의 네 가지 추가적인 시스템을 마련하여 실행해야 한다.

① 정기 모니터링

② 공시 및 보고

③ 관리 규정

④ 직원과의 소통 시스템

사무국을 관리·통제하는 방법

사무국을 관리·통제하는 방법은 ① 업무 분장에 의한 과정관리 ② 성과 계약에 의한 목표 관리가 있다. 하나는 과정을, 하나는 결과를 중시하는 것이다. 그러나 실제로는 두 가지를 함께 적용한다. 즉, 목표를 정해 주고 달성하는 과정에서 업무 영역과 절차를 지키도록 한다. 가장 유효한 수단이 인사권이다. 조직원에 대한 신상필벌과 이를 위한 적절한 평가가 이루어져야 한다.

이를 위해서는 우선 상·하급자 간에 성과 계약을 체결하여야 한다. 예를 들어 회장, 상근 임원, 본부장이 차례대로 계약을 맺고, 본부장은 부장이나 차장 또는 팀장 등 부서장과 계약을 하며, 단위부서장은 소속 직원들과 계약을 맺는 것이다. 계약의 내용은 정성적인 부분과 정량적인 부분을 설정하여야 한다. 정성적인 부분은 상사의 판단과 주관이 작용하는 경향이 있다. 정량적인 평가는 가시적으로 성과를 측정하므로 수치에 의해 평가 대상자를 비교할 수 있다.

협회·단체의 정부 관계, 원만해야 한다

주무관청에 권한이 있다

단체는 정부와 불가분不可分의 관계를 갖는다. 특히 주무부처는 단체가 처음 공식적인 관계를 맺는 기관이다. 주무관청은 단체의 허가권과 주요 사항에 대한 관리권을 가지며 권한과 예산을 가지고 행정적·재정적 지원과 통제를 하기도 한다. 또한 단체에 문제가 발생하거나 그럴 우려가 있으면 감사나 조사 등을 통해 예방과 사후 처분도 가능하다.

법인 설립 허가와 이후의 운영 과정에서 예산·결산이나 정관, 주요 사업의 승인 등을 포함한다. 단체에 대해 설립에서 해산에 이르기까지 전반적인 관리 감독권을 가지고 있다. 나아가 제도적·정책적·재정적으로 지원·육성하는 후원자이기도 하다. 또한 단체에서 발생하는 크고 작은 갈등이나 내분, 의사 결정에 유권 해석과 중재 등 다양한 분야에서 영향을 미친다. 즉 단체의 대외적 이해관계자로 가장 밀접한 주체가 정부(중앙부처 또는 지방자치단체)라 할 수 있다. 그러므로 정부에 대해 신중하면서도 우호적인 관계를 유지하는 것이 바람직하다. 특히 주무관청의 권한과 통제 범위를 적절하게 파악하고 있어야 한다.

법인 설립과 관련된 주무관청의 관리 감독 범위는 다음과 같다.

① 설립 허가

② 정관의 변경 승인

③ 운영상의 감독

④ 사업 계획서 승인

⑤ 이사회 및 **총회** 의결 사항 보고

⑥ 정기 및 수시 감사

⑦ 임원 임면 승인

⑧ 위임·위탁 사업의 관리 감독

⑨ 정기 및 수시 보고

⑩ 정부의 공인

②
법을 지키고 활용하라

단체는 탄생에서 운영, 소멸에 이르기까지 법의 영향을 받는다. 단체의 법적인 활동은 ① 소극적으로는 단체가 존립하기 위해 법규를 준수하며 ② 적극적으로는 단체의 안정과 성장에 필요한 법을 활용하는 것이다.

기본적으로는 내부적 준법 체계를 갖추고 법적 문제가 생기지 않도록 하는 것이다. 우선 민법 외에 법인 허가와 관련된 법규, 조직에 공통적으로 적용되는 타 법률, 예를 들면 형법이나 근로기준법, 성폭력예방법, 세법 등을 준수해야 한다. 법의 준수는 조직의 안정성을 유지하고 범법 행위로 인한 폐해를 방지하게 된다. 단체에서 종종 발생하는 물품의 도난이나 은닉, 자금 횡령, 기록의 멸실·유출, 개인정보 침해, 성범죄나 폭언·폭력 행위 등의 행위를 방지해야 한다.

가장 중요한 것은, 법적인 문제가 발생하기 전에 이를 감지하고 대응하도록 내부 장치를 마련하는 것이 바람직하다. 이를 위해서는 윤리위원회의 설치와 운영, 내부 고발 신고제를 통한 예방, 외부에 노출되기 이전의 사전 처리, 임직원에 법규 준수 사항에 대한 오리엔테이션 등이 뒷받침되어야 한다. 필요하면 외부의 전문가에게 자문을 받거나 계약을 통한 상담과 처리를 맡기도록 한다.

법적으로 위상을 높여야

단체는 법인으로 설립 허가나 등록을 받으면서 법적·사회적 책임과 의무를 갖게 된다. 그러나 법이 의무만 요구하지는 않는다. 단체는 법적 권한을 얻어 각종 특혜를 누릴 수도 있다. 일반적인 사단법인이나 공익법인의 세법상 혜택도 있지만 대부분의 '잘나가는 협회·단체'가 개별 특별법에 의한 단체라는 점이 이를 증명하고 있다. 설립부터 법정 단체가 되거나 일반 단체에서 법정 단체로 전환하여 법적인 지위가 상승하고 위상 제고와 경제적 독립성을 확보하는 등 독점적인 권리와 혜택을 누릴 수 있다. 사례를 살펴보자.

> 최근 법정 단체가 된 대한행정사회는 2021년 행정사법에 의한 법정 단체가 되었다. 처음부터 그랬던 것은 아니며 당초에는 8개나 되는 협회들이 있었다. 다소 난립의 우려가 있자 이를 일원화하고자 관련법을 개정했다. 이 과정에서 8개 단체장은 단일화를 위한 협의를 하고 궁극적으로 단일 단체로 출범하기에 이르렀다.

이들은 왜 협회들을 해제하고 단일의 법정 단체를 만들었을까? 과거에는 법조문에 단체를 "설립할 수 있다."로 정했는데 협회가 난립하자 법을 개정하여 "행정사회를 둔다."라고 하고 "행정사로서 개업하려면 행정사회에 가입하여야 한다."라는 회원 가입의무 조항도 신설하였다. 또한 '행정사법인'의 설립도 가능케 하여 업무 주체를 확대하였다. 한마디로 법정 유일의 단체로 각종 권한과 혜택을 주어 단체의 존립 기반을 확실히 다진 것이다.

법에 의한 사업권의 위탁

법적 지위를 얻는 방법은 단체의 근거 법을 만드는 것 외에 법정 사업을 유치하는 것이다. 이는 안정적이고 추가적인 시장을 확보함으로써 단체의 회원에게 도움을 주고 위상과 이미지를 높이며 경제적 이익을 동시에 가져다준다. 한 사례를 살펴보자.

> 대한주택건설협회는 협회의 위상을 높이는 일환으로 정부의 권한을 수탁하여 건설 기술진흥법에 의한 주택건설등록업자의 부실 벌점 종합 관리 등의 업무를 수행하는 정부권한위탁법인으로 지정받았다. 또한 주택건설(대지조성) 등록업무위탁 기관 지정으로 사업자 등록·변경 및 영업실적 등의 접수 등 각종 행정업무를 수행하는 위탁 기관이 되었다. 이를 통해 협회가 지속적이고 안정적으로 운영되는 발판을 마련하였다.

이처럼 어떠한 법인인가에 따라 단체의 근본적인 성격과 위상이 달라진다는 점에서 절차와 과정이 복잡하더라도 임의단체는 민법상 비영리법인으로, 나아가 특수법인으로 전환하거나 처음부터 이러한 법인을 설립하는 것을 검토해 볼 필요가 있다.

③
예산 확보가 우선이다

미국이나 영국 등 서구 국가와 달리 우리나라의 단체는 정부 지원 의존도가 높은 편이다. 단체의 상당수가 정부 지원을 통해 운영된다고 해도 과언이 아니다. 특히 중소 규모의 단체는 정부의 보조금이나 위탁 사업이 없이는 존립 자체가 어렵다. 따라서 단체의 가장 중요한 업무의 하나가 정부 예산을 확보하는 것이다. 정부 예산은 단체의 운영에 재정 자원이 되기도 하지만 회원을 간접 지원하는 데 유용하다. 정부의 자금은 ① 정부나 지자체의 전부 또는 일부 출연금 ② 각종 기금에 의한 융자금 ③ 위탁 사업비가 있다.

정부 예산의 목적은 재정적 원조, 특정 산업 육성, 공공사업의 수행에 있다. 정부 예산의 지출은 전부를 주거나, 필요 자금의 일부는 정부가 보조하고 일부는 수익자가 부담하는 매칭matching의 방식으로도 이루어지며, 정부가 사업을 전부 또는 일부 위탁하고 그 비용을 지급하는 경우도 있다. 단체는 회원을 지원하는 정부 예산을 늘리고자 노력해야 한다. 단체가 사업 시행 기관이 되어 회원에 대한 서비스를 제공하고 수수료 수입을 통한 단체의 안정도 꾀할 수 있다.

단체는 회원을 위한 예산 증액에 나서야

　정부 예산은 상당 부분 이해관계 집단의 요구를 반영한다. 따라서 단체의 가장 중요한 역할의 하나가 회원에게 예산의 혜택이 가도록 하는 것이다. 각 단체가 정부 예산의 확충을 위한 활동 사례를 살펴보자.

　한국제약바이오협회장은 "제약바이오 성공의 지렛대는 정부 지원"이라며 "정부의 연구개발 예산 15.7조 원이나 바이오분야는 11.4%에 불과하다."라며 "미국이나 벨기에 등에 비해 매우 낮다."라며 "연구개발의 목표는 의약품개발이므로 기업에 연구개발 예산을 2배 이상 확충(14.6 %→30% 이상)해야 한다."라고 강조했다.[1]

　수소차에 대한 정부 지원을 강화해야 한다는 주장이 제기되고 있다. 한국자동차산업협회장은 "수소차가 활성화되기 위해서는 인프라 구축이 최우선돼야 한다. 정부의 보다 적극적인 지원이 필요하다."라고 말했다.[2]

　대한건설협회는 14일 경제성장과 국민 안전 확보, 포스트코로나 선도 국가 도약을 위해 내년도 SOC 예산을 30조 원 이상으로 편성해야 한다고 국토부와 기재부에 건의했다. 이번 건의는 내년 경제성장률 2.5%를 달성하기 위해 약 53조 원 규모의 SOC 투자 중 정부가 30조 원 이상 편성하도록 요구한 것이다.[3]

1)　동지훈, 「원희목 회장 "제약바이오 성공 지렛대는 정부 지원"」, 『뉴스토마토』, https://www.newstomato. com/ReadNews.aspx?no=1102084
2)　신민준, 「정부 예산, 전기차의 절반… 기 못 펴는 수소차」, 『이데일리』, 2022. 1. 19., https://www.edaily. co.kr/news/read?newsId=01154566632199360&mediaCodeNo=257
3)　김준현, 「건설협회, SOC 예산 30조 원 이상 편성 재차 건의」, 『국토일보』, 2021. 5. 16., http://www.ikld.kr/ news/articleView.html?idxno=234599

이처럼 정부 예산을 확보하려는 단체의 움직임은 치열하다. 그러나 대다수의 단체가 이렇지는 않다. 그 이유는 예산에 대한 이해와 관심이 부족하고 구체적으로 확보를 위한 정보나 지식, 실행 노력이 못 미치기 때문이다. 단체는 예산을 확보하기 위해 무엇보다 예산이 편성되는 과정과 확보를 위한 접근방법을 파악하고 이를 실행할 수 있는 역량을 갖추어야 한다. 정부의 예산 편성과 심의, 예산 집행에 이르는 과정은 다음과 같다.

| 정부 예산 편성과정 |

구분	절차	시한	주체
예산편성	중기사업 계획서의 제출	1월	주무부처 → 기획재정부
	예산안편성지침통보	3월	기획재정부 → 주무부처
	예산요구서제출	5월	주무부처 → 기획재정부
	정부 예산안편성 → 국무회의 심의 → 대통령승인 → 국회제출	9월	기획재정부
예산심의	대통령 국회시정연설 → 국정감사(상임위) → 예비심사(상임위) → 종합심사(예결위) → 본회의 의결	9월 ~ 12월	국회
예산집행	예산 배정 → 예산 재배정	1월	기획재정부 → 주무부처

단체가 정부 예산을 확보하려면 주무부처를 거쳐야 한다. 일부에서는 국회나 청와대를 통해 주무부처에 영향력을 미치도록 하지만 이는 바람직하지도 않고 정상적인 방법이 아니다. 단체가 하고자 하는 사업이 객관적이고 실효성이 있다면 오히려 주무부처가 환영할 일이다. 예산사업은 적어도 1월말까지 주무부처를 설득하여 중기사업 계

획서에 사업명과 금액이 반영되어야 한다. 따라서 단체에서는 이보다 앞선 전년도 말까지는 자체적인 예산안을 준비해 두어야 한다.

예산 편성의 일정도 중요하지만 단체가 하고자 하는 사업의 내용과 기대 효과를 잘 정리하여 주무부처와 기획재정부를 설득시키도록 준비해야 한다. 정부 예산을 필요로 하는 단체는 많지만 예산을 한정되어 있다. 따라서 정부나 국회가 수긍할 만한 사업을 발굴하여 신청하여야 한다.

④
다양한 정부 사업을 찾아보라

    상당수의 단체가 재정적으로 어렵다는 것은 주지의 사실이다. 설사 재정적인 어려움이 없는 단체라 해도 극히 일부에 국한되며 그나마 정부 사업에 기대는 실정이다. 정부 사업의 대행은 관련 법률에 의해 이루어지므로 안정적이고 배타적인 사업권을 확보하게 된다.

    이러한 정부 사업의 위탁업무는 크게 나누어 다음과 같다.

> ① 인·허가와 유사한 권한 업무
>
> ② 의무교육이나 연수 보조금
>
> ③ 자격 제도와 교육
>
> ④ 기타 사업

    단체의 정부위탁 사업의 사례는 다음과 같다.

행정적 위탁	재정 지원위탁
등록 취소	정책 연구·용역
사업자 등록·신고	수출·수주 지원
실적신고	보조금 집행
증명서 발급	전문 인력 양성
인증	일반 교육

인·허가는 정부가 내주고 단체는 이와 관련한 신청·접수의 절차를 대행한다든지 또는 실무 수습이나 보수 교육을 단체에서 받도록 하는 형식을 취하고 있다. 법정 교육은 상당수의 단체에서 시행하고 있는데 이는 단체에게 실질적으로 권한과 수익성을 보장해 준다. 법에서 위탁한 의무교육의 사례를 살펴보자.

야생생물관리협회는 법정법인으로서 수렵면허자에 대한 의무교육을 실시하고 있다. 면허는 지방자치단체가 내주지만 면허시험합격자에 대해 '야생생물법'에 따른 의무적인 강습은 협회에서 하고 있다. 이 강습을 받아야만 최종적으로 면허증이 발급된다.

사단법인 환경기술인협회는 화학물질관리법에 따른 복수의 안전교육기관의 하나로 지정되어 있다. 여기에는 화학물질안전원(안전원)과 안전원이 지정고시하는 전문 기관으로써 비영리법인도 해당된다. 이처럼 법정교육을 받도록 함으로써 단체에 상당한 교육 수요를 보장해 주는 효과가 있다.

법정 의무교육은 개인이나 기업에 규제로 작용하는 측면이 있지만 단체의 입장에서는 독보적 또는 소수의 적격기관으로 인정받기 때문에 의무교육생을 수월하게 확보하는 등의 이점을 누리게 된다. 그러나 이는 점차 민간과 경쟁하는 추세에 있다는 점도 간과되어서는 안 될 것이다.

| 정부 지원금 지원 및 배분 체계 |

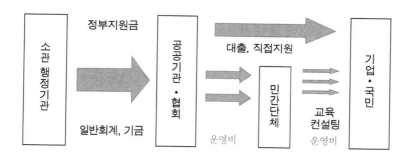

정부는 단체가 실시하는 교육 수강생에게 교육비의 일부 또는 전부를 보조해 주기도 한다. 사업장에 재직 중인 근로자를 대상으로 교육 운영 후 사업주에게 고용보험료를 환급해 주거나 각종 교육·행사 등의 비용을 지원해 준다. 사업자의 해외 시장 개척을 위한 박람회나 전시회 참가 비용을 지원하거나 각종 해외 인증 비용 등도 지원해 준다.

협회·단체의 재정 확보가 관건이다

회비와 찬조금은 기본 수입이다

단체의 설립은 회원으로부터 시작되며 설립과 운영에 필요한 상당 부분의 예산도 회원에게서 나온다. 특수 단체나 법정 단체의 경우 정부의 재정 지원과 위탁 및 위임업무의 수행을 통해 상당한 수입을 얻지만 대부분의 단체는 회원의 회비에 의존한다. 회원 수입은 단체가 본래의 기능을 당당하게 수행할 수 있는 가장 적절한 자금이다.

회원에게 거두어들이는 수입

① 회비(연간 또는 월 단위)

② 가입비

③ 임원 회비

④ 찬조금

⑤ 기부금

회비는 회원을 정회원과 준회원, 특별회원, 명예회원으로 나누고 이에 따른 회비를 차별하여 정한다. 기업과 개인이 회원으로 되어 있는 경우는 기업 또는 단체회원과 개인회원으로 구분한다. 회비의 징수는 회원의 수, 회원의 경제적 역량, 납부 회원 비율, 회비 책정 액수의 영향을 받는다. 단체에 따라 극명한 차이를 보이는데 규모가 큰 단체일수록 회비 수입 규모가 크고 수익성이 좋은 반면 회원이 적은 경우는 회비만으로는 고정비 감당을 하지 못해 운영에 곤란을 겪는다. 회원 수와 회비는 규모의 경제에 달려 있다.

일반적으로 단체의 회비가 차지하는 재정 비율은 30~50%를 차지한다. 국내 최대 단체의 하나인 공인중개사협회의 경우는 한 해 수입이 163억 원에 이르며 이중 회비 수입이 94.8억 원으로 58%를 차지한다. 규모가 작은 단체의 회비 수입 비중도 비슷하지만 일반회원의 회비만으로는 부족한 재정을 임원 회비로 보충한다. 규모가 작은 단체는 임원 회비가 전체 회비의 50% 가까이 된다.

회비 산정 기준은 일괄적이지 않다

회비 산정은 회원을 정회원과 준회원으로 구분하여 회비를 달리 부과하고, 같은 정회원이나 준회원이라 해도 기업회원의 경우에는 매출에 따라 월정회비를 차등하여 적용하기도 한다. 규모가 큰 회원에게 더 많은 회비를 부과하는데 이는 회비를 손금산입 하거나 규모가 작은 회원보다 제도 개선이나 정부 지원의 수혜를 더 받는다는 전제를 감안한 것으로 보인다. 예를 들어 단체의 노력으로 세율이나 부담금을 인하하는 경우 아무래도 매출액이 큰 회원사가 더 수혜를 보기 때문이다. 매출액 기준으로 회비를 차등 적용하는 한국제약바이오협회의 사례를 살펴보자.

| 매출액별 월정회비(정회원) |

매출액(억 원)	월회비(천 원)	매출액(억 원)	월회비(천 원)
8,000~	9,450	800~	3,100
7,000~	8,850	700~	2,700
6,000~	8,250	600~	2,300
5,000~	7,650	500~	1,950
4,000~	7,050	400~	1,560
3,000~	6,450	300~	1,235
2,000~	5,850	200~	975
1,500~	5,250	100~	650
1,200~	4,700	50~	520
1,000~	4,100	~50	390
900~	3,500		

| 매출액별 월정회비(준회원) |

매출액	30억 원 이상	10억 원 이상	10억 원 미만
월정회비	12만 원	9만 원	6만 원

| 회원 구분에 따른 가입비 |

구분	회원 수	가입금
정회원	181개사	500만 원
준회원	53개사	100만 원

회원의 구분을 다양하게 분류하고 이에 따라 회비를 차등 적용하는 사례도 있다. 한국도서관협회는 도서관과 도서관에 종사하는 사서나 직원을 회원으로 두고 있다. 도서관은 단체회원으로 하되 이를 전국적인 규모의 중앙도서관에 해당하는 규모는 특급 1호로, 각 지역의 대표적인 규모의 도서관은 특급 2호로 정하고 일반 공공이나 대학, 전문도서관 등은 각각 규모에 따라 1~3급으로 분류하고 이에 따라 회비를 책정하였다. 회원의 위상에 맞는 회비를 책정함으로써 공정한 의무를 부담한 것으로 보인다.

| 한국도서관협회의 회원과 회비 |

급수		관종	회비
특급	1호	국립중앙도서관, 국회도서관, 법원도서관(국가도서관)	입회비 : 450,000원
			연회비 : 900,000원
	2호	시·도의 지역대표도서관, 국가도서관의 분관	입회비 : 350,000원
			연회비 : 680,000원
1급		공공, 대학, 전문	입회비 : 250,000원 연회비 : 580,000원
2급		공공, 대학, 전문	입회비 : 150,000원 연회비 : 360,000원
3급		공공, 대학, 전문, 학교	입회비 : 50,000원 연회비 : 115,000원

② 기부금을 확보하라

　기부금은 회비나 후원회비와 더불어 단체에 중요한 수입원이다. '기부금'이란 사업상 거래와 무관하게 제공하는 무상 증여의 가액을 말한다. 기부금은 자신이 보유한 재산의 일부나 전부를 사회에 환원하는 행위로써 장려되고 있다. 기부금과 더불어 기부장려금이 있다. 기부장려금은 기부금에 대한 세액공제액에 상당하는 금액을 당초 기부한 기부 단체에 지급되도록 하는 것이다. 기부를 통해 발생한 혜택도 다시 기부하는 것이다.

　단체는 사업 목적의 달성을 위해 필요하면 내·외부로부터 기부금을 받을 수 있다. 그러기 위해서는 몇 가지 준비 사항이 있다.

　기부금을 받고자 하면 기부금을 통한 목적 사업을 명확하게 해야 한다. 또한 기부자에 대한 예우, 세금 혜택 제공, 기부금의 투명한 관리와 공개도 중요하다. 기부금을 수수할 수 있는 자격을 갖추어야 한다. 예를 들어 ① 1000만 원 이상 기부금을 받으려면 '기부금품 모집등록자'가 되거나 아니면 ②공익법인 등 지정기부금단체가 되어야 한다.

기부자를 예우하라

기부자를 확보하거나 기부를 이끌어 내려면 기부자를 예우해 주는 게 좋다. 예우의 방법은 ① 사전 안내 ② 원활한 진행과정, ③ 사후 보고로 나누어진다. 우선 내부적으로는 회원에게, 외부적으로는 사업 목적에 동참하는 개인이나 집단에게 그 필요성을 알려야 한다. 또한 기부자에게 기부에 대한 반대급부가 무엇인지를 알리는 것도 중요하다. 예를 들면 기부자에게 명예를 주고 기념이 되도록 이벤트를 열어 주거나 인증서를 발급하는 것도 필요하다. 아무리 기부를 대가 없이 한다고 하지만 기부자의 뜻과 공헌은 높이 평가하고 대우해 주는 게 바람직하다. 기부금에 대한 투명한 집행과 이를 홈페이지 등에 공개하는 것(기부 단체의 의무 사항)도 간과해서는 안 된다.

기부에 따른 세금 혜택도 알려 주자

기부금에 대한 가장 큰 유인책과 기부자에 대한 현실적 혜택은 세금 감면이다. 기부금은 법인세법이나 소득세법에 정한 기부금과 조세특례제한법상에서 정한 기부금이 있다. 연말정산 기부금세액공제 시 기부금은 정치자금, 우리사주조합, 법정 및 지정의 기부금으로 구분한다.

기부금을 내는 개인이나 기관은 다음과 같은 세금 혜택을 받을 수 있다.

① 고유 목적 사업 준비금 손금산입

② 이자 소득에 대한 법인세 신고 특례

③ 부동산 등 자산양도소득에 대한 법인세 신고 특례

④ 출연재산에 대한 상속세 과세가액불산입

⑤ 출연재산에 대한 증여세 과세가액불산입

⑥ 공익법인에 대한 부가가치세 면세

기부금의 접수는 어떻게 하나?

기부금을 대내외적으로 요청하면 그중 기부자가 나타난다. 기부자에게는 기부절차를 안내하고 단계별로 절차를 진행하면 된다. 그 순서는 다음과 같다.

① 소정의 약정서를 작성한다

기부하고자 하는 금액과 용도, 기부자의 주소나 성명, 전화번호와 같은 간단한 인적 사항, 납부 예정일 등을 기입한다. 기부대상을 명시하지 않는 일반기부 또는 특정 대상을 정하여 지정기부를 택할 수 있다. 현금이 아닌 수증물품이나 부동산도 가능하다.

② 약정서를 전달한다

전달형식은 우편, 방문, 전자적 방식도 좋으며 받는 측에서 전달식을 하는 경우도 있다. 기부 사실을 언론에 홍보하기도 한다.

③ 약속한 날짜에 기부금을 기부금계좌에 입금한다.

④ 소득공제용 기부금 영수증을 발급함으로써 기부는 종료된다.

③

정부 지원 및 위탁수수료를 챙겨라

단체가 정부의 지원을 받게 되면 어쩔 수 없이 관리 감독이나 통제를 받을 수밖에 없다. 특히 재정 지원이나 인허가권을 위임받는 경우는 준정부 기관의 성격을 띠게 되어 조사, 감사, 사후 관리 등의 감독을 받게 된다. 정부 지원을 받아야 하는 경우는 회원의 특징과도 관련된다. 회원 수가 적어서 회비 수입으로 재정 문제를 해결하지 못하거나 회원 수가 많더라도 구성원이 경제적 여유가 없기 때문이다. 또한 비영리법인 자체가 비영리 목적이며 주로 시장 실패의 영역에서 활동하는 단체가 많다. 따라서 정부의 정책이나 사업을 대신하거나 정부보조금의 확보, 위임·위탁업무의 운영, 공모사업에서 프로젝트를 따내는 등의 노력을 기울인다.

한국도서관협회는 협회의 사업을 자체사업, 국고사업, 용역사업으로 구분하고 있다.

자체사업	이사회, 총회, 위원회 지원 회원확대·관리·교육 도서관 관련 행사 도서관연구소 운영 정책발전, 연감·자료발간 연감, 도서관문화 발간	국제 교류, 유관기관교류·협력 언론·홍보·재정개발 정보화수준향상 한국도서관상, 사서상 시상 협회도서관 관리·운영 도서관 지원 협력사업
국고사업	사서자격증 발급 큰 글자 책 보급지원	특화도서관육성지원
용역사업	도서관 길 위의 인문학 전국 도서관통계조사	공공도서관 건립·운영활성화 전국 도서관운영평가

④ 자체적인 사업 수익금을 찾아라

자체사업은 단체가 회비나 외부의 자금을 받기보다 시장원리에 의해 용역이나 서비스를 제공하거나 자산을 활용한 수익을 올리기 위한 행위다. 주로 부동산 임대나 시설·장비의 사용료를 받거나 연구개발이나 교육 연수 등의 프로그램을 통해 수익을 올린다. 자체사업은 주목적 사업의 기타 사업으로 분류되거나 부수적으로 발생하는 사업이다.

예를 들어 한국잡지협회에서는 "협회의 유지 및 운영에 필요한 경비의 재원을 마련하기 위해 회비나 정부위탁 사업 외에도 각종 업무대행에 따른 수수료, 잡지금고사업, 잡지회관 및 잡지교육원운영과 전시회, 박람회 및 대행사업, 광고 등의 다양한 사업을 하고 있다.

한국해기사협회도 협회소유재산의 운영과 수수료 사업을 통해 재정 수입을 확보하고 있다. 홈페이지의 배너 광고를 통해 회원 홍보와 마케팅을 지원하거나 외부의 고객 사업을 연계하여 광고비 수입을 올리고 있다. 자체적으로 회관 건물을 가지고 있는 단체는 공간 임대 사업을 한다. 회원에게는 무상 또는 할인된 금액으로 대여하며 외부에 유료 대관을 함으로서 대외 협력 효과와 대관 수입을 올리기도 한다.

협회·단체의 핵심 사업을 찾아라

행사 이벤트로 위상을 높이자

행사는 단체의 주요 활동의 하나다. 행사는 회원 간의 교류의 장으로써 친목과 단합의 기회를 제공한다. 외부 인사가 참석하는 행사는 단체의 외부적 네트워크를 구축하고 이미지와 위상을 높이는 역할을 한다. 단체의 주요 행사는 ① 회장 취임식과 ② 'OO의 날' 기념식이나 창립 기념일 등 ③ 조찬이나 만찬 행사 ④ 정책 간담회나 세미나, 공청회 등이 있다. 이외에도 단체별로 목적과 기능에 따라 당면한 문제의 해결이나 발전을 모색하는 행사가 있다. 이러한 행사를 통해 단체는 협상력과 영향력을 높일 수 있고, 회장은 리더십을 발휘하게 되며, 회원은 참여를 통해 소속감과 자긍심을 가질 수 있다.

행사이벤트의 핵심사항

- 목적 사업에 충실하자
- 경제성을 고려하자
- 결산 및 피드백을 하자
- 기록을 보관·활용하자

건축사협회는 전국건축사대회를 개최하며 이를 통해 건축사에 대한 사회적 인식 제고와 협회 중심의 일체감 조성과 화합 분위기를 만들고 있다. 또한 건축계 발전을 위해 대통령을 비롯한 각계 인사와 전국 회원 수천 명이 참석한 대규모행사를 개최하기도 한다.

(사)대한아토피협회는 아토피 환우들의 단체이자 아토피, 알레르기 등 환경성 질환에 대한 지도 계몽과 예방, 환경 개선 및 국민 건강 복리 증진에 기여하는 단체다. 협회는 아토피 식목행사, 아토피운동회, 자선바자회, 안심캠프 등의 행사를 통해 아토피 환자들의 심신을 활성화시키고 있다.

그러나 행사는 대외적인 홍보의 기회임에도 자칫 분수에 넘치거나 과잉 지출을 하게 되는 요인이기도 하다. 따라서 행사는 단체의 목적 사업에 맞는 경우에만 하는 것이 좋다. 대규모 행사의 경우는 예산을 충분히 따져 보고 회원의 부담도 고려하는 한편 후원이나 협찬을 통한 수의도 확보도 고려해야 한다. 행사가 끝나면 반드시 예산과 후원이나 협찬금품의 정산을 철저히 하고 행사 과정에서 제기된 문제나 개선점을 정리하여 다음 행사에 반영하도록 한다. 또한 식순이나 영상 및 사진, 각종 보고서나 계획서 등의 기록을 잘 보관하도록 한다. 언론 홍보와 참석자에게 사진을 보내 주는 것도 필요하다.

사회 봉사는 단체의 필수적인 활동이다

단체의 사회적인 책임이 강조되고 있는 가운데 많은 단체에서 연말이면 연탄 배달이나 불우 이웃 시설을 방문하거나 성금을 내는 등의 활동을 벌이고 있다. 사회 봉사는 단체의 대외적인 이미지를 제고함은 물론 단체 회원에게 자긍심과 사회적 연대감을 갖게 하는 효과가 있다. 또한 평소에 단체에 후원하는 회원이나 외부 후원자를 초청하여 감사의 장을 마련하면서 바자회나 경매 등의 행사를 통해 기금을 조성하기도 한다. 대표적인 사회 봉사 단체인 국제라이온스협회는 보기 드물게 자신들의 권익 보호나 증진보다는 사회에 기여하려는 의도로 설립되었음에도 매우 성공한 단체다. 현재 한국라이온스(2021. 6.)는 국제 협회 기준 클럽 2,039개, 회원 72,777명이 활동 중이다. 우리나라에서 사회적 비영리단체가 증가하는 이유도 이처럼 봉사의 문화가 확산되기 때문이다. 사회 봉사의 사례를 살펴보자.

건설공제조합은 'CG사랑나누리봉사단'을 결성하여 상시 봉사활동을 하고 있다. 주로 임직원 급여 기부, 1사 1촌 농촌 봉사, 연말연시 사랑의 쌀·연탄 나누기 등 저소득층 지원, 장애인과 노인 복지 지원, 영농 봉사와 재난 재해 구호 성금 지원을 하고 있다. 주로 외부의 사회 봉사 전문 기관과 함께 수행하고 있다.

(사)루푸스를 이기는 사람들 협회는 루푸스 환자를 돕기 위한 단체다. 협회는 매년 연말이면 '루이사송년음악회'를 개최하여 사회적 관심을 높임과 더불어 후원자들에게 감사의 자리를 마련함과 동시에 경매와 공연을 통해 후원금의 확보

를 꾀하고 있다. 여러 단체가 송년행사를 회원들의 송년 잔치의 형식으로 치르지만 점차 루이사와 같은 후원 행사 성격으로 바뀌고 있다.

환우와 가족 친구를 위한 송년 잔치이자 자선 경매를 통한 후원을 위해 기획된 행사다

국제적인 위상을 높이자

국제 교류 행사도 빠질 수 없다. 단체의 국제 행사는 정부의 위탁을 받거나 정부가 나서기 쉽지 않은 민간 분야의 행사가 개최된다. 참석 당사자에 따라 양자 또는 다자가 참석하는 데 한일·한미·한중과 같은 양자 간의 행사도 있고 한·중·일 3자 간 교류나 아시아 지역, APEC, 전 세계를 대상으로 하는 다자간 행사 등이 있다. 주로 회의, 상호 방문, 학술 세미나 등을 통해서 각국의 친선과 협력을 도모한다.

회원 서비스는 기본 사명이다

단체의 존재 이유는 회원에 있다. 단체의 목표나 목적, 수단 방법은 회원을 고려하지 않고는 가치를 인정받기 어렵다. 사실상 많은 단체가 겉으로는 '회원 최고, 회원 중심'을 외치지만 실제는 회원을 '한낱 구성 요소'나 행사장의 자리를 채워 주는 '동원 인력'으로 보거나, 의결권 없는 '평범한 멤버'로 여기는 경향도 있다. 단체는 1년 365일 회원의 끊임없는 각종 요구를 접하지만 이를 만족시켜 주지 못함으로써 불만을 사게 된다. 상당수의 단체는 아예 회원 만족도 조사를 하지 않고 있다. 이점에서 건설공제조합의 3mS운동은 좋은 사례다.

〈건설공제조합〉

회원의 지지와 성원을 얻지 못하는 단체는 풍랑에 휘청거리는 돛단배와 다르지 않다. 평상시에는 그럭저럭 넘어갈지 모르지만 내외부의 시련이나 충격이 있으면 자중지란에 봉착하게 된다. 누구도 소리 높여 단체를 옹호하고 보호하지 않는다. 불만이 가득한 회원은 단체를 방어하지 않는다.

회원확보와 관리

단체의 임직원들이 자칫 범하기 쉬운 오류의 하나는 회원을 상품이나 서비스를 구매하는 소비자로 여기는 것이다. 소비자를 '왕'으로 여기는 사고에서 접근한다면 좋겠지만 행여나 소비자를 '봉'으로 여긴다면 문제는 달라진다. 회원들에게 제공하는 서비스는 사전에 충분한 수요 조사를 통해서 발굴 마련해야 한다. 또한 제공 방법이나 시기, 대상 등을 명확하게 설정하고 사후 평가나 보완 방안 등의 후속 조치도 병행해야 한다. 이미 제공하고 있는 서비스라 하더라도 별다른 효과가 없는 것으로 판명되거나 회원이 원치 않는 서비스는 과감히 없애야 한다. 전임자가 만들었거나 이를 담당하는 직원의 자리를 유지해야 한다는 등의 이유로 불만 요인을 남겨 둘 필요는 없다.

단체는 회원의 요구와 의도가 어디에 있는지, 다소 무리하다면 왜 그런지를 이해해야 한다. 항상 회원의 요구를 충족시키기 위한 노력을 다해야 하며 모든 가능한 수단과 방법을 찾고자 하는 자세를 보여 줘야 한다.

회원 서비스의 부실과 대체 수입원

불경기로 인해 회비 수입이 감소되는 상황에 처한 한 단체는 자금
난을 우려하여 회원 서비스 부서의 인력을 감축하였다. 대신 기획 능
력을 갖춘 인력을 충원하여 정부 사업에 뛰어들었다. 하나의 회원사
에게 받는 30~50만 원의 연회비 대신 2~3억 원의 정부 프로젝트를
수행하니 많은 인력의 인건비 걱정을 덜게 되었다. 회장과 사무국은
더 많은 시간을 정부와의 관계 유지에 할애했다.

그러나 이는 '회원 우선'이라는 사명을 벗어나게 된다. 시간이 지나
면서 회원들의 반응은 냉랭해졌고 회비 납부 실적은 떨어지고 심지어
회원 탈퇴도 생기기 시작했다. 회원과 임원들은 불만을 제기했고 집
행부는 다시 회원 서비스에 총력을 기울였지만 실망한 회원들의 신뢰
를 되찾기는 어려웠다. 이처럼 단체의 운영에 있어서 회비 수입과 정
부의 보조금 또는 위탁 사업은 양날의 칼과 같다. 무엇보다 정부 지
원 사업이 필요하다면 회원들에게 어떠한 혜택이 돌아가는지를 살펴
봐야 한다. 적어도 회원의 불만은 없을 테니까.

회원에 알리고 공감하도록 하자

단체의 임직원은 자신이 하는 일을 회원들이 알고 있다고 생각한
다. 상사에게 사전에 협의하거나 지시를 받고, 보고서를 만들어 결재
를 받고 이를 공지함으로써 일을 끝냈다고 생각한다. 회장이나 임원
들도 마찬가지다. 결재를 하고 보고를 받음으로써 나머지는 잘 진행

이 될 것으로 믿는다. 그러나 이는 회원이나 이해관계자의 입장에서 볼 때 매우 소극적이고 제한적인 업무 처리 방식이다.

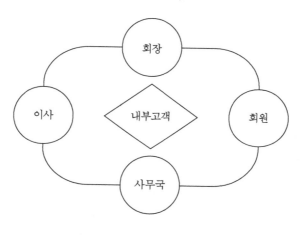

단체의 내부 관계

단체가 하는 행위는 '도달주의'에 입각해서 알리고 확인하는 것을 원칙으로 해야 한다. 민법(제111조 제1항)에서는 도달주의到達主義' 즉, "상대방 있는 의사 표시는 그 통지가 상대방에게 도달한 때로부터 그 효력이 생긴다."라고 명시하고 있다. 회원의 의견을 묻거나 이해관계에 영향을 주는 사안뿐만 아니라 다수가 공유해야 하는 정보나 동향조차도 상대방에 도달되도록 해야 한다. 회원에게는 지속적이고 반복적으로 그리고 다양한 방법으로 알리고 확인해야 한다.

단체는 이를 통해 회원의 불만이나 궁금증을 사전에 해소할 수 있으며 스스로의 '존재와 임무'를 회원들에게 인식되도록 할 수 있다. 이러한 활동은 다양하고 복합적으로 전개해야 한다. 각종 보고서 발간,

이사회나 총회, 주제별 세미나, 서적이나 홍보물의 발간, 언론을 통한 대중 홍보, 교육 연수 프로그램의 제공, 동호회의 운영, 소식지의 발간, 온라인 매체의 활용 등이 이에 해당된다.

회원의 권익을 보호하라

회원이 단체에 바라는 1순위의 역할은 회원의 권익을 보호하고 증대하는 것이다. 단체의 존립 목적이 회원 개개인이 할 수 없거나 하기 어려운 일을 하는 것이기 때문이다. 회원의 권익 보호는 정부의 지나친 규제나 제재로부터 탈피하도록 하거나 불이익을 받는 경우에 대한 구제 행위, 새로운 권리와 이익을 창출하는 행위 등이 포함된다. 이러한 행위는 회원에게 이익이 되는 방향으로 법률을 제정하거나 필요 조항을 개정하거나 불필요한 법률을 폐기하는 등의 방법을 취한다. 또한 관련 부처의 정책에도 단체의 입장이나 주장이 반영되도록 해야 한다. 또한 단체가 추진하는 사업의 타당성 및 효과 등을 외부에 알리고 우호적인 분위기를 조성하고자 언론 브리핑, 공청회, 세미나 등을 하기도 한다. 회원의 권익 보호를 위해 법과 제도를 활용한 사례를 살펴보자.

대한안경사협회는 1976년에 사단업인인가를 받은 전국 단위의 조직이다. 협회는 회원을 위해 안경 및 콘택트렌즈의 인터넷 판매 금지를 강하게 요구하여 의료기사들에 관한 법률을 개정하였다. 근용 안경, 도수가 있는 물안경의 온라인판매 법안 폐기하는가 하면 물 환경보전법에서 정한 오폐수처리시설을 적용하는 경우 상당한 비용 부담과 설치의 실효성이 떨어지는 점을 설득시켜 이를 최소화하는 데 성공했다. 안경사의 업무상 권리 보호를 위해 비안경사와의 안경원 개설금지와 온라인상의 안경 판매를 허용한 정책을 폐기토록 했다. 나아가 면허 신고를 하지 않은 자에 대한 면허 효력 정지 처분을 관철시켰다.

이는 개인이 나서서 할 수 없는 정책적·제도적 접근과 노력으로써 협회만이 할 수 있는 일이다. 단체의 원래 기능과 목적을 다한 좋은 사례다.

다양한 회원친목 행사를 개최해야

회원이 회비를 내고 단체에 가입하는 주요 동기의 하나는 '사람과 어울리는 기회'를 가질 수 있다는 점이다. 각종 행사는 회원이 주인공이 되도록 하고 체육 대회나 경연 대회, 그리고 각종 취미 활동의 모임을 결성하도록 유도하고 지원해야 한다. 한국여성경제인협회는 단체의 특성을 살려 여성 합창단을 운영하는데 정기 공연과 각종 행사에 초대받아 특별 공연을 하기도 한다. 또한 협회는 정부의 지원을 받아 전국의 회원을 대상으로 대학과 연계한 단기 연수 프로그램을 운영한다. 회원의 지식과 교양을 함양하고자 정기적인 공개 강좌와 교육 프로그램도 제공한다.

정부포상, 사기를 진작하고 위상을 높인다

많은 단체가 각자 단체의 특성을 살려 관련 분야의 상을 마련하여 시상하고 있다. 이는 단체의 권위를 높이고 이미지를 널리 알린다. 또한 회원의 사기를 진작시키고 그들의 명예와 대외 이미지를 높이는 효과를 가져다줄 뿐 아니라 수상자들을 단체의 우군으로 끌어들인다. 일부에서는 언론사와 공동으로 주최하는 경우도 있다. 상은 정부의 표창과 포상에서 단체장상까지 다양하다. 대규모 단체일수록 시상하는 상훈의 격을 높이려는 경향이 있다. 어느 단체는 주무부처 장관의 표창을 주는가 하면 어느 단체는 총리 표창이나 대통령 표창을, 이보다 더 나아가 훈장이나 포장을 주는 경우도 있다. 시상자의 수나 훈격은 회원의 수, 단체의 영향력, 수상자의 공적 사항에 따라 주무부처의 추천을 거쳐 행정안전부가 정한다. 단체가 독자적으로 특정 분야의 상을 마련하여 시상하는 경우도 있고 후원기관과 함께 공동으로 개최하기도 한다. 그 사례는 다음과 같다.

한국표준협회는 23일 동대문스퀘어에서 혁신성과가 우수한 기업 및 기관이 참석한 가운데 '2016 대한민국 혁신 대상' 시상식을 개최했다.

한국노인종합복지관협회가 주관하고 KT&G 복지재단이 주최하는 '제4회 KT&G 복지재단 문학상' 시상식이 7월 14일 진행됐다. 예선과 본선을 통해 시 10작품, 수필 10작품을 선정하여 상장과 총 상금 660만 원을 시상했다.

'2022 한국모델어워즈'가 성황리 개최됐다. 이번 행사는 사단법인 아시아모델협회가 주최, 아시아모델협회 부산광역시 지회가 주관했으며, 문화체육관광부, 부산광역시, 영주세계풍기인삼엑스포 조직위원회 등이 후원했다.

중소벤처기업부는 7일 '2021년 대한민국 중소기업인 대회'를 개최했다. 올해 시상은 국무총리가 참석하여 금탑산업훈장(2명), 은탑산업훈장(1명), 동탑산업훈장(1명) 등을 받은 중소기업인 대표 9인에 대해 직접 포상을 전달했다.

조사·연구의 전문성을 갖춰야

다수의 단체가 스스로 보유한 전문성을 심화시키고자 '연구소나 연구원'을 갖추고 있다. 단체 구성원에게 필요한 고유기술이나 지식을 생산하기도 하고 정책 제안을 위한 통계 조사와 보고서를 작성하기 위한 연구도 진행한다. 연구 기능은 외부에서 의뢰하는 프로젝트의 수행을 통해 수익 사업과 연계된다. 연구조사기능의 가장 큰 장점은 단체의 자산으로써 고급 인력을 확보·활용한다는 점이다. 연구 기능은 단체의 규모와 연구 특성을 감안하여 정해지는데 연구원규모로 설치·운영하는 단체도 있지만 연구소나 연구조합, 연구단, 부설연구소, 연구팀 등의 명칭과 그에 맞는 기능을 갖추기도 한다. 연구 기능을 갖춘 단체의 사례를 보자.

- 한국사료협회 사료기술연구소
- 한국반도체산업협회 연구조합
- 한국숲교육협회 연구개발이사
- 대한한의사협회 한의학정책연구원

- 한국한센복지협회 연구실
- 대한결핵협회 결핵연구원
- 한국음악심리치료협회 음악심리치료연구원
- 한국식품산업협회 부설 한국식품과학연구원

　그러나 웬만한 단체에서는 연구자를 확보하거나 연구소를 설치하기가 쉽지 않다. 이는 재정적인 문제도 따르지만 단체의 업무 성격이나 업무의 다양성, 업무량을 고려할 때 충분한 연구과제의 도출이 어렵거나 정부의 연구 지원을 받기가 어렵거나 기존 연구기관의 기능과 중첩되는 경우가 있기 때문이다.

④
교육·연수는 필수 사업이다

교육·연수는 단체의 일반적인 사업이다. 이 역시 단체의 수익에 크게 기여한다. 특히 의무적인 교육이나 연수 프로그램을 운영하는 단체는 전체 수입에서 차지하는 교육·연수 수입 비율이 약 50%에 이른다.

전문성이 있는 단체일수록 사업 비중과 수입 측면에서 교육·연수 사업 비율이 높다. 교육·연수는 회원이나 외부 인력에게 단체의 전문성을 나타내고 교육생과의 연대감이나 네트워크를 견고하게 해 줄 뿐 아니라 재정적으로도 기여하므로 일석이조의 성과를 거두는 사업이다. 특히 의무적으로 이수해야 하는 교육 과정은 수강생을 확보하기가 용이하다.

⑤ 인증·자격 제도를 운영하라

　인증은 제품·서비스·기업 등이 특정 요건을 충족시켰음을 나타내 보이는 제도다. 제품의 경우 국민의 안전, 보건 또는 일정 수준 이상의 품질 등을 인증하며 강제적으로 인증을 요하는 의무인증과 강제성이 없는 임의인증이 있다.

　의무인증은 국가기관이나 국가의 위임을 받은 기관에 의해 운영된다. 임의인증은 많은 단체가 시행하고 있다. 주로 제품이나 보건위생, 안전, 기업이나 개인에 대한 자격인증이 이루어지고 있다.

인증분야	인증단체
위생·보건	한국천식알레르기협회, 대한아토피협회, 신할랄산업협회
제품	한국자동차튜닝협회, 한국골프피팅협회, 한국전파진흥협회
안전시설	한국가설협회
기업인증	벤처기업협회, 기술혁신협회, 여성경제인협회
개인자격	한국보험대리점협회, 한국코치협회, 한국신지식인협회
연구소	한국산업기술진흥협회

설비를 공동으로 이용토록 하거나 시험인증을 해 주는 단체도 있다. 개인이나 개인기업이 구매하거나 보유하기 어려운 경우, 설비를 운용하거나 그 결과치에 대한 신뢰성을 부여하는 경우 등이 해당된다. 예를 들어 동물약품의 시험검사는 고가장비와 전문가를 확보하기가 어려우므로 협회가 이를 대신하고 수수료를 징수한다.

자격과 경력을 인증하는 단체도 많다

인증과 더불어 단체의 존립과 안정적인 운영을 가능하게 하는 사업이 자격과 경력 관리 사업이다. 주로 단체의 활동목적을 달성하기 위해 자격 제도를 만들어 운영하는 경우다. 자격이나 경력 관리는 관련 법에 근거를 두고 정부로부터 위임·위탁을 받아 수행하는 경우가 많다. 주로 국민의 건강과 안전에 영향을 미치는 분야, 고도의 전문성을 요하는 분야에서 자격 제도의 운영과 관련 보수 교육 등을 실시한다. 이러한 자격운영을 통해 수강료, 응시료, 교육비의 수입을 얻을 수 있다.

|자격 제도현황|

자격구분		근거법		관리운영
국가자격		자격기본법	중앙부처	중앙부처
민간 자격	등록		개인, 기업, 단체 (등록자격을 공인)	한국직업능력개발원
	공인			
국가기술자격		국가기술자격법	고용노동부	국가기술자격 검정업무 수탁기관

'국가자격'이란 법령에 따라 국가가 신설하여 관리·운영하는 자격.

'민간자격'이란 국가 외의 자가 신설하여 관리·운영하는 자격.

'등록자격'이란 주무장관에게 등록한 민간자격 중 공인자격 외의 자격.

'공인자격'이란 주무장관이 공인한 민간자격을 말한다.

국가기술자격검정업무수탁기관: 산업인력공단, 방송통신전파진흥원, 광해관리공단.

단체에서 만들어 관리·운영할 수 있는 자격으로는 '민간자격'이 있다. 이는 자격기본법에 의해 누구나 가능하며 약 5만 7,000여 개가 등록되어 있고 이중 500여 개가 공인을 받아 운영되고 있다. 민간자격을 등록 또는 공인받아 운영하고 있는 협회의 사례를 살펴보자.

(사)한국소프트웨어저작권협회는 민간자격인 소프트웨어자산 관리사 1급(등록), 2급(공인)을 운영하고 있다. 문화체육관광부의 공인을 받은 등록자격으로서 시험 출제와 자격 부여 및 관리 등을 실시한다. 이 자격자는 기업과 기관의 경영관리에 필수인 소프트웨어 자산의 관리와 통제의 모든 과정에 대한 지식과 실무능력을 갖춘 전문가를 말한다. 협회는 이 자격을 학점은행제와 연계하여 운영하고 있다.

(사)한국스포츠스태킹협회는 2011년 협회설립준비위원회를 구성하고 꾸준히 국내외 활동을 해 왔다. 지방에서 출발한 협회는 각급 학교와 단체에 스태킹의 홍보와 보급을 하면서 첫해에 코치 365명, 이듬해에 심판 36명을 양성하였다. 2012년 문화체육관광부로부터 사단법인 허가를 받은 이후 스포츠스태킹 심판

(1~3급)과 코치를 양성한 노하우를 발판으로 2015년에는 직업능력개발원에 민간자격으로 등록하였다. 2021년에는 지정기부금단체로 등록하였다.

(사)한국농아인협회는 청각 및 언어장애자를 위한 단체다. 협회는 국가공인자격으로 수화통역사와 청각장애통역사를 운영하고 있다. 이 협회는 농아인을 위한 대표적인 단체로서 농아인의 삶의 질을 개선하고 이들에 대한 인식을 개선하기 위해 전문가 양성과 이에 부합하는 자격을 부여함으로써 사회 전반에서 농아인의 소통을 개선하고자 하는 것이다.

⑥
기타 사업을 살펴보라

단체의 장점을 살려서 할 수 있는 사업의 하나가 공제사업이다. 공제사업은 그 대상에 대해 손해배상의 책임을 경감내지는 면하도록 하거나, 그들의 생활 안정과 복리 증진을 꾀하는 데 목적을 두고 있다. 공제회의 임무는 회비의 징수에서부터 상조금의 지급, 기금을 통한 복리후생의 증진사업, 기금의 관리와 운용에 있다. 대부분의 공제사업은 법정 단체에서 실시하고 있으며 관련법에 근거를 두고 있다. 공제사업은 공제기금을 마련하여 별도의 조직으로 공제회를 구성하여 운영되는 경우가 대부분이다.

기금 조성과 운영에는 대규모 회원을 둔 단체가 적합하다. 이에 따라 공제사업이 이루어지는 직역은 각종 공무원(경찰, 군인, 소방, 교직원)이나 건설 근로자, 사회복지사, 소상공인 등 수만에서 수십 수백만 명이 종사하는 분야가 많다. 그럼에도 규모가 그리 크지는 않지만 회원사나 고객의 손해 발생 시 이를 배상하는 성격의 한국관광협회중앙회의 관광공제회나 직원의 복리 증진과 직업안정을 도모하고 사고나 질병의 경우 회원이나 그 가족의 생활 안정과 복지를 목적으로 하는 한국민간조종사협회의 공제회가 있다. 규모가 큰 법정의 별도 공제회가 아니라면 한국민간항공조종사협회의 내부적 상조 기능을 수행하는 공제회가 모델이 될 수 있을 것이다.

한국관광협회중앙회는 관광사업자의 권익을 위한 단체다. 중앙회는 관광사업자들이 거래대금이나 입찰보증금의 지급, 하자나 관광객 사고보상 등에 적절하게 대응하지 못하는 점을 감안하여 2019년부터 관광공제사업을 실시하고 있다. 이를 통해 관광객이 여행 일정에서 사고나 피해를 입는 경우 이에 대한 보상금을 대신 지급함으로써 관광사업자의 사고대응부담을 줄이고, 국민이 안심하고 관광할 수 있는 기반을 조성하여 관광객 증대의 간접효과도 거둘 수 있는 기반을 마련하였다.

협회·단체의
위험 요인을 제거하라

단체의 위기는 내·외부적으로 야기된 갈등과 혼란, 사건 사고 등으로 정상적인 운영이 어려워지면서 시작된다. 단체에 위기가 닥치기까지는 문제의 원인이 잠재되어 있음에도 이를 모르거나 아는 경우에도 이를 간과하거나 여러 가지 이유로 대응을 하지 못하기 때문이다. 또한 '임기 내에 대충 넘어가자'는 식으로 회피하는 경우도 흔하다.

단체의 파행적인 운영은 내부적 갈등과 대립, 고소·고발을 유발한다. 또한 이에 따른 감독관청의 조사·감사 등이 뒤따르고, 결과적으로 개개인에 대한 징계조치나 법적처벌, 단체에 대한 기관 경고나 정부보조금 및 지원 사업의 중단이나 회수로 이어질 수 있다. 그리고 드물기는 하지만 법인 설립의 취소나 해산 명령을 초래할 수 있다.

간접적인 부작용도 크다. 회원의 탈퇴와 대외적인 이미지 추락, 사업 추진의 차질, 임원의 권위 실추로 인한 위계질서의 혼란, 후원금의 감소와 재정적 곤란 등이 발생한다. 이러한 파행은 단순 또는 우연히 벌어지는 게 아니다. 하나의 작은 단초가 복잡하고 모호한 상황을 만들어 낸다.

단체가 제대로 운영되지 못하는 징후

- 회장이나 이사진이 본연의 역할을 제대로 하지 못한다. 리더십이 혼란스러운 경우다.

- 연고주의와 파벌주의가 자리 잡고 있다. 내 편 네 편을 가르기 시작되면서 일부 단체는 마치 전쟁하듯이 쫓고 쫓기는 싸움을 하게 된다. 이런 상황이라면 언제 어떤 일이 터질지는 아무도 모른다.

- 재정난에 처해 있다. 해산한 단체의 대부분이 재정난을 이기지 못해 파산에 이른다.

- 사회적 물의를 일으킨다. 공공성을 지닌 단체가 이런 저런 불미스런 사건 사고가 발생하면 대외적인 이미지와 신인도가 떨어진다.

① 모호한 리더십

단체에는 리더가 존재한다. 그럼에도 리더십이 명확하지 않고 누가 리더인지 모호한 경우가 많다. 이는 단체가 파행적으로 운영되거나 실패에 이르는 원인이다. 리더십의 모호함은 회장을 비롯한 임직원의 역할이 제대로 이루어지지 않거나 도덕적인 일탈로 기강이 흐트러지는 경우, 개개인의 역량이 부족한 경우, 조직 내의 의사소통이 안 되는 경우, 개인이나 소수 파벌이 필요 이상의 강력한 권력과 영향력을 행사하여 단체를 분열시키거나 좌지우지하는 경우에 발생한다. 끊임없이 자기 정화 노력을 하고 소통하는 분위기를 만들지 않으면 의외의 위기가 도래한다. 많은 단체가 그럴듯한 목표와 사명을 내세우면서도 막상 올바른 리더십을 세우지 못하는 경우가 많다.

원만한 리더십의 탄생은 회장은 물론 임직원이 각자의 소임을 다하면서 시너지를 거두는 방향에서 이루어져야 한다. 특히 회장의 리더십은 이러한 역할의 조정자로서 발휘되어야 한다. 단체의 리더십은 군대나 공공조직, 기업의 리더십과 다르다. 기업은 이윤추구, 공공은 대민 서비스와 같은 명확한 목적을 가지고 있다. 단체는 주인이 없는

'복합적 구성체'라는 점에서 많은 차이가 있다.

올바른 리더십을 정립하기 위해서는 회장을 비롯한 이사와 사무국 임직원에게 요구되는 사명을 명확하게 인지시키고 이행토록 하는 것이다. 각자가 수행해야 할 업무 영역과 수준을 정하고 이를 구체적으로 매뉴얼을 만들어 제공해야 한다. 그리하여 서로 간에 역할 분담이 명확해지고 '해야 할 일'과 '하지 말아야 할 일'을 구분함으로써 업무와 역할에서의 혼선을 막아야 한다. 기업에서처럼 단기적 성과를 요구하거나, 추상적인 목표를 추구하거나 자유분방하게 방관자적으로 조직을 경영하여 운영의 효율성이 저하된다면 결국 단체의 자원을 낭비하게 된다. 자칫 조직의 갈등과 반목의 원인이 되기도 한다. 특히 소규모 단체에서는 단체장의 개인적인 취향이나 성향, 경험을 강하게 내세우거나 과거의 그릇된 관행이나 기득권에 따라 움직이면 조직의 체계나 위계는 설 땅을 잃게 된다. 이런 경우 구성원들은 '해바라기형'으로 바뀌게 된다.

리더의 조건

세계적 공황이나 국지적인 경기침체를 맞으면 기업이나 개인은 어려움을 겪게 된다. 단체도 예외는 아니다. 회원 수가 감소하거나 회비 납부가 줄어들게 되고 각종 수익성 프로그램의 신청자가 나타나지 않거나 이미 마련된 스케줄도 취소되는 상황이 벌어진다. 정부에 의존하는 경우 예산의 삭감이나 사무국 직원에 대한 월급의 동결이나 지급 불능 상태에 이르기도 한다. 이러한 상황은 악순환을 거듭하여 단체의 리더십에도 부정적인 영향을 미치는데 책임 회피나 전가, 대책 마련 미흡, 갈등 조장 등의 현상이 나타나기도 한다.

단체는 그 어느 조직보다 리더의 역할이 중요하다. 단체의 리더십은 단체의 성격과 목적, 구성원의 성분과 특성에 맞아야 하기 때문이다. 단체의 리더는 다양한 덕목을 요구받고 이를 갖추어야 한다. 회장이나 임원이 누가되던 상관없다는 단체는 없을 것이다. 단체의 리더는 단체에 대한 애정과 조직에 대한 이해, 개인 자신보다 단체의 이익이 우선이라는 사명감이 있어야 한다. 또한 포용력과 이해력을 바탕으로 대인 관계를 원만하게 해 나가야 한다.

단체 리더십이 모호해지는 다섯 가지 이유

- 목표와 비전이 막연하다(공동체 의식을 형성하지 못한다)

- 과정을 소홀히 한다(참여와 합의, 결과에 이르는 과정을 무시)

- 개인의 카리스마에 의존한다(자기 주장을 관철시키려 한다)

- 공익보다 사익을 중시한다(소수·특정의 사람에 흔들린다)

- 인재관이 희박하다(업무 능력보다 내 편을 중시한다)

②

연고·파벌주의

단체는 주인이 없는 조직이라고 한다. 그렇다고 개인 어느 누구도 단체의 주인이 되거나 되려고 해서도 안 된다. 이 말은 주인 의식을 갖고 책임지고 봉사하는 자세로 일하는 것과는 다른 의미다. 기업의 오너와 같은 힘을 가지려 해서는 안 된다는 뜻이다.

회장을 선거로 뽑는 경우 피하기 어려운 현상이 파벌의 형성이다. 회장과 함께 선임된 집행부와 달리 비공식적인 파벌의 형성은 자칫 조직 내 갈등의 원인이 된다. 선거를 통해 단체장을 선출하는 경우 회장의 당선을 위해 뛰거나 지지했던 세력이 가장 큰 힘을 가지게 된다. 이들이 서로 자리나 이권을 챙기면서 대립하거나 자신들이 아닌 나머지에 대한 기피나 배척을 하기도 한다.

이때 이사들이 올바른 판단과 객관적인 입장을 갖지 못하면 '연고주의'와 '파벌'에 휩쓸리게 된다. 즉 이것저것 골치가 아프니 그저 내 편이 누구인지만 살피고 나머지는 '적'으로 몰아 버린다. 어떠한 안건에 대해서도 옳고 그름, 성과나 효율성을 따지기보다 그저 누구 편인가가 더 중요해진다. 자신의 세력을 확대하는 데 혈안이 되기가 십상이고 일단 다수가 되면 툭하면 다수결로 사안을 해결하기에 급급해진다.

편먹기가 시작되면 단체의 의사 결정은 제대로 이루어지기가 어렵다. '배가 산으로 올라가는 일'이 종종 벌어질 수밖에 없다. 다소 불합리하거나 부당한 경우에도 다수결이나 파벌에 의한 밀어붙이기가 통용되므로 모럴해저드moral hazard를 피하기가 어렵다.

문화체육관광부가 경기단체들에 대한 종합감사를 하면서 지배 구조도 개선하겠다는 방침을 밝혔다. 특정 파벌에 의한 사유화와 단체 운영 불투명, 심판의 편파판정 등이 문제가 되었고, 친족이나 특정학교출신이 이사회를 장악하여 협회장추대나 임원 선출, 장기재임 등 전횡의 문제가 있었다. 경기운영에서는 보조금의 용도 외 사용 등 부적절한 예산 집행, 임원 자녀의 부적절한 특별채용, 임원소유업체에 특혜제공 등 도덕적 해이가 발견됐다.

연고와 파벌에 대해 엄격한 주의를 기울이는 단체로는 스포츠단체가 있다. 대한체육회와 산하단체는 정관에 이를 명시하여 임원의 선임에서 특정 비율을 넘지 못하게 하고 있다. 대한축구협회의 임원구성에서 규정으로 연고와 파벌을 제한하는 사례를 살펴보자.

제24조 부회장 이사 및 감사의 선출

임원구성은 제1항에도 불구하고 다음 각 호의 요건을 반드시 충족해야 한다.

1. 동일 대학 출신자 및 재직자가 재적 임원수의 20%를 초과할 수 없다.

2. 국가 대표 선수 출신자가 재적 임원수의 20% 이상 포함할 것.

3. 비경기인·학계·언론계·법조계 등이 재적 임원수의 20% 이상 포함할 것.

4. 여성 임원이 재적 임원수의 30% 이상 포함되도록 노력할 것.

5. 생활체육 관계자(선수 출신 제외)가 재적 임원수의 30% 이상 포함할 것.

역대임원과 원로들의 영향력

일반적으로 임원이 임기를 마치고 나면 단체의 안정과 발전에 후원자로서의 역할을 한다. 그들의 경험과 노하우가 새로운 임원들에게 도움이 되고 든든한 울타리가 되어 주기도 한다. 하지만 이는 상호 필요에 의해 적정한 수준에서 이루어져야 한다. 자칫 전임이 현 집행부에 영향력을 미치려 하면 갈등의 소지가 된다.

그렇다고 이를 방지하기는 어렵다. 다만 공식적으로 최소화하거나 금지하는 방법이 필요하다. 어떤 단체는 중임을 제한하거나 일정 연령이 넘으면 이사회의 구성원이 되는 것을 금하기도 한다. 체육 단체에서 채택하고 있는 사례는 "부회장 및 이사는 선임일 당일 만 70세 미만인 자이어야 한다."라는 규정을 가지고 있다. 원로들의 자문이나 의견수렴의 기회는 마련하되 집행부 참여에 선을 긋는 것이다. 이러한 문제로 갈등하고 있는 단체가 있다면 고려해 볼 만한 방법이다.

③
재정난의 방치

　다수의 단체가 해산이나 파산의 상황에 처하고 있다. 사실 단체는 한번 설립되면 좀처럼 해산되지 않는 경향이 있다. 자율적으로 설립된 만큼 허가권을 가진 정부라 하더라도 단체의 존립에 그리 관여하거나 영향을 미치지 않기 때문이다. 그럼에도 자진 해산을 하는 이유의 하나는 재정난 때문이다.

　재정난은 직원의 급여의 연체나 미지급으로 노동법을 위반하게 되거나 대금 지불의 불능으로 차압이나 구상권의 청구 등을 통해 임직원에게 불이익이 오므로 자진 해산의 자구책을 강구하게 된다. 재정난으로 설립이 안 되거나 해산에 이르는 사례를 살펴보자.

　　서울행정법원은 전국손해사정사협회에 대한 허가 거부가 정당하다며 원고 패소 판결을 내렸다. 금융위원회가 비영리법인 설립 허가를 거부하자 부당하다며 취소 소송을 냈었다. 금융위원회는 "재정적 기초가 확립되지 않아 목적 사업의 실현이 어렵다고 본다."라며 불허했고 협회는 "회비와 임원의 무료 봉사로 목적 사업을 수행하며 회비 인상과 사업 축소로 개선이 가능하다."라고 했으나 재판부에 받아들여지지 않았다.

대한○○○협회가 총 63억 원이 넘는 빚(차입금)과 이자·과태료를 감당하지 못
해 파산의 우려가 나오고 있다. 그간 누적된 부채를 방치하고 있다가, 법원으로
부터 사무실을 압류 당하는 등 초유의 사태를 맞았다.

창립 93주년의 대한○○○협회가 재정난으로 해산위기에 놓였다. 회원교단들이
자체적으로 주일학교 교재를 제작하여 협회의 주요 사업에 타격을 입게 되고, 일부
전 임원들의 전횡, 수입보다 지출이 많은 적자 원인을 방치했다는 지적이다.

재정난이 발생하는 이유

단체는 비영리법인이라는 태생적 특성으로 인해 재정적인 여유를
갖기가 어렵다. 따라서 임원은 재정적 안정에 많은 관심과 노력을 기
울여야 한다. 단체의 재정은 설립 단계에서부터 충분히 고려해야 한
다. 처음부터 재정이 부족한 상태에서 출발하면 좀처럼 상황이 좋아
지기는 어렵다. 임원은 재정적 안정을 위해 재정난의 원인이 무엇인지
를 파악하고 이에 대처해 나가야 한다.
재정난의 주요 원인은 다음과 같다.

① 설립 당시부터 취약한 재무 구조
② 부채, 수입원 부족, 과도한 지출의 방치
③ 단체장의 재정 확충에 대한 의지와 노력의 부족
④ 신규 수익 창출 노력과 역량 부족

④
사회적 물의

단체는 법적으로 사익이 아닌 '공익적 역할'을 요구받는다. 단체가 사회적 비난에 처하고 심지어 소멸되는 이유는 사회적인 기대와 요구에 미치지 못하기 때문이다. 이는 대외적인 이미지 실추와 경제적 어려움, 회원의 명예훼손으로 이어질 수 있다. 단체에서 사회적 물의가 발생하여 파행을 초래하는 이유는 여러 가지가 있다.

단체에서 발생하는 사회적 물의의 유형

① 부정부패의 행위

② 법률이나 정관, 정부 지침을 위반

③ 불미스러운 사건·사고

④ 정치적 편파성

⑤ 사익 추구에 매달리는 경우

부정부패는 치명적인 위기를 불러온다

단체장이 투명 경영에 대한 의지와 실천이 부족하면 부정부패를 방치하거나 이의 예방에 실패하게 된다. 심지어 단체장이 부패하면 본인은 물론 다른 구성원까지도 횡령이나 배임 등의 행위가 벌어질 가능성이 높아진다. 많은 단체가 비정상적인 자금 관리나 회계부정 등으로 인해 치명적인 이미지 훼손과 수사의 대상이 되기도 한다. 단체의 부정부패 행위는 정부보조금이나 지원금, 회비 등 자금 횡령이나 오남용의 경우가 있다. 그 사례를 살펴보자.

> 공무원에게 뇌물을 제공한 ○○협회지부가 사실상 퇴출 위기에 놓였다. 보조금을 무단 사용한 혐의(보조금 관리에 관한 법률 위반 등)로 사무국장 A 씨를 불구속 입건하고 법인양벌규정에 따라 협회도 함께 불구속 입건했다.

> 미국 최대 이익단체로 꼽히는 미국총기협회NRA가 150년 만에 본거지를 뉴욕에서 텍사스로 옮긴다. 협회 전·현직 지도부가 6400만 달러의 거액을 전용했다는 혐의를 들어 NRA 해체를 요구하자 이를 피해 협회를 해산하고 옮기는 것으로 알려졌다.

이처럼 비상근 회장이나 임원의 감시 소홀이나 무지로 인해 사무국에서 부정한 방법으로 돈을 빼돌리는 경우가 종종 발생한다. 문제는 개인뿐만 아니라 단체가 함께 처벌되고 향후 정부 지원도 중단되는 상황을 맞게 됨으로써 결과적으로 단체는 운영난에 처하게 된다.

법률 규정의 위반

단체의 법률 위반 행위도 이미지와 위상에 커다란 손상을 입히는 일이다. 단체가 법에서 정한 목적 사항을 위반하는 경우, 주무관청에 의해 제재를 받게 된다. 또한 회원의 권익 보호를 명분으로 과도하게 목소리를 높이거나 집단적 행위를 하는 경우도 있다.

> 경기도는 소관 비영리법인에 대한 지도·점검을 실시한 결과, 6개소를 설립 허가를 취소했다고 밝혔다. 3개 법인은 의무보고서를 제출하지 않고, 법인소재지와 이사 임면 등 정관 변경의 허가를 받지 않았다. 또한 소재지 무단 이전·폐쇄, 연락 두절 등 '운영 실체 부재로 인한 목적 사업 실현불가능' 등으로 설립 허가 조건을 위반했다.

> 수년 전 공정거래위원회는 주유소협회가 회원사들의 휴업을 강제했다고 보고 이를 조사하겠다고 했고 주무부처인 산업자원부는 협회의 허가를 취소하겠다고 한 일이 발생했다. 주유소협회가 다음 달 시행되는 석유제품 거래상황기록부 주간 보고에 반발해 오는 12일 동맹휴업을 결의하고 나서자, 9일 산업부가 "주유소협회 허가를 취소할 수 있다."라고 경고했다.

이처럼 정부와 단체의 이해관계가 충돌하는 경우 자칫 허가취소나 단체에 주어진 일종의 특혜나 지원이 철회되는 경우가 있다. 법과 규정을 위반하거나 정부와 충돌하여 불미스런 일이 발생하면 내외부적으로 집행부에게 책임을 추궁하게 되고 리더십도 손상되기 마련이다.

내부의 불미스러운 일이 화근이다

단체의 대외적인 이미지의 훼손과 위상의 추락에는 이른바 CEO 리스크가 있다. 대기업이나 공공기관에서의 최고경영자의 일탈 행위가 단체에서도 예외는 아니다. CEO 리스크의 대표적인 유형은 대표자의 건강이나 무능력도 있지만 보다 직접적으로는 개인의 일탈 행위다.

임원의 리스크

① 성추행이나 성희롱

② 폭언이나 폭행

③ 공적 자산의 사적 유용 등

④ 절차나 과정의 무시

단체에서의 성추행이나 성희롱은 상사와 부하 관계에서 주로 발생한다. 가해자가 최고 책임자라면 문제는 더욱 심각해질 수 있다. 몇 해 전에는 부하에게 폭언을 한 협회장이 사임압력을 받고 결국 자살한 불행한 사건이 발행했다. 이는 단체장 한사람의 명예와 목숨은 물론 회원 전체에 부정적인 영향을 미치게 된다. 갑질은 매우 흔하게 일어난다. 특히 직위나 나이 등에서 우월적 지위를 이용한 비상식적 행위는 공과 사를 구별하지 못하고 관행이나 관습, 주관적 생각이나 욕구에 의해 벌어진다는 점에서 단체와 단체장 개인 모두에게 불명예스러운 결과를 가져다준다.

한국○○자동차협회 회장의 직무가 정지됐다. 직원 성희롱과 폭행·폭언 의혹
이 불거지자 이미지 추락을 염려한 이사회가 결정한 것이다. 관계자는 "추후 조
사 결과에 따라 추가적인 조치를 강구할 수도 있다."라고 밝혔다.

중국불교협회장이자 유명 사찰의 주지가 여승들을 성폭행한 혐의로 결국 직
책을 내려놓았다. 협회는 총회를 열어 회장의 불미스런 행위가 협회와 전체 회원
의 명예를 심하게 훼손했다며 징계의결 하고 모든 직을 사임토록 했다.

지방의 한 장애인복지협회 회장이 여직원을 성추행해 법원에서 실형을 선고
받은 것과 관련해 전북 지역 장애인 관련 단체들이 해당 장애인복지협회의 법인
설립 허가 취소와 지원금 중단을 요구하고 나섰다.

성폭력범죄의 처벌 등에 관한 특례법(약칭: 성폭력처벌법)	
제10조 (업무상 위력 등에 의한 추행)	① 업무, 고용 그 밖의 관계로 자기의 보호, 감독을 받는 사람에 대하여 위계 또는 위력으로 추행한 사람은 3년 이하의 징역 또는 1500만 원 이하의 벌금에 처한다.
근로기준법 제76조(직장 내 괴롭힘 방지법)	
제76조의2 (직장 내 괴롭힘의 금지)	사용자나 근로자는 직장에서의 지위나 관계 등의 우위를 이용하여 업무상 적정범위를 넘어 다른 근로자에게 신체적·정신적 고통을 주거나 근무환경을 악화시키는 행위를 하여서는 아니 된다.

이러한 대표자나 임원 및 간부들의 행태는 가해자와 피해자의 양
측은 물론 주변의 사람들에게도 정신적인 피해를 주게 된다. 또한 공
적인 자산의 무단 취득이나 훼손으로 인해 조직에 경제적인 피해를
입히는 경우도 발생한다. 특히 대표자의 위치에서 벌어지는 일련의
부적절한 행위는 당사자는 물론 단체가 도덕적 이미지의 손상을 입

는 점도 유의해야 할 것이다.

[횡령과 배임]

형법 제40장 횡령과 배임의 죄	
제355조 (횡령, 배임)	① 타인의 재물을 보관하는 자가 그 재물을 횡령하거나 반환을 거부한 때에는 5년 이하의 징역 또는 1500만 원 이하의 벌금에 처한다. ② 타인의 사무를 처리하는 자가 그 임무에 위배하는 행위로써 재산상의 이익을 취득하거나 제삼자로 하여금 이를 취득하게 하여 본인에게 손해를 가한 때에도 전항의 형과 같다.
제356조 (업무상 횡령과 배임)	업무상의 임무에 위배하여 제355조의 죄를 범한 자는 10년 이하의 징역 또는 3000만 원 이하의 벌금에 처한다.
제357조 (배임수증재)	① 타인의 사무를 처리하는 자가 그 임무에 관하여 부정한 청탁을 받고 재물 또는 재산상의 이익을 취득하거나 제3자로 하여금 이를 취득토록 하면 5년 이하의 징역 또는 1000만 원 이하의 벌금에 처한다. ② 제1항의 재물이나 재산상 이익을 공여한 자는 2년 이하 징역 또는 500만 원 이하의 벌금에 처한다. ③ 범인 또는 그 사정을 아는 제3자가 취득한 제1항의 재물은 몰수한다. 몰수 불가능하거나 재산상의 이익을 취득한 때에는 그 가액을 추징한다.
제358조 (자격 정지의 병과)	전3조의 죄에는 10년 이하 자격 정지를 병과할 수 있다.

정치적인 행위는 '부메랑'이 된다

보편적으로 단체의 대부분은 정치 행위를 금하며 정관에 이를 명시하고 있기도 하다. 일부 단체에서는 윤리강령에 정치적 활동을 금하도록 정하고 있다. 정치적 활동은 특정 정당이나 선출직 후보를 지지하는 행위, 후보를 지원하거나 반대하는 행위를 금하고 있다. 또한 정치적 행위와 별도로 특정 종교의 교리 전파를 주 목적으로 하는 행위도 금하고 있다.

단체는 정치기부금을 낼 수 없다. 회장이나 임원도 마찬가지다. 다만 자연인의 자격으로 개인적인 기부는 가능하지만 단체의 명함이나 직위, 회원임을 밝히면 안 된다. 또한 단체가 회원에게 정치기부금을 내도록 안내하거나 강요하는 것도 금지된다.

정치자금법 제31조(기부의 제한)는 법인이나 단체의 기부를 제한하고 있다. 그 내용은 다음과 같다.

> ① 외국인, 국내·외의 법인 또는 단체는 정치자금을 기부할 수 없다.
>
> ② 누구든지 국내·외의 법인 또는 단체와 관련된 자금으로 정치자금을 기부할 수 없다고 명시하고 있다.

대부분의 단체가 정치적인 중립을 지키고자 노력하지만 정치 행위가 어느 정도 허용되는지에 대해서는 논란이 많다. 단체는 사람이 모인 집단이므로 정치적으로 중요한 포섭대상이다. 단체의 활동 자체도 정치와 불가분의 관계에 있기도 하다. 각종 행사에 수시로 정치인을 초청하고 현안에 대해 간담회나 정책 세미나 등을 통해 교류를 한다. 각 정당에서는 회원 수가 많은 단체의 영향력을 고려하여 단체의 임원을 영입하려고 한다. 그 반대로 정치 성향이 강한 인물이 나서서 단체장을 맡기도 한다.

그렇다 하더라도 정치 중립이 필요한 이유는 회원들 개개인의 정치적인 성향이 다르므로 단체가 이를 무시하고 특정 정당에 치우친 행위를 한다면 그 단체는 갈등과 분열이 초래될 수 있다. 지방의 한 체육 단체장은 아는 정치인으로부터 숙원 사업을 위한 예산 지원을 받고자 회원들을 특정 정당에 가입시키려다 회원들로부터 반발을 산 적이 있다. 명분이야 어떻든 자칫하면 단체가 두 동강 나는 일이 벌어질 수도 있다. 단체의 요구를 관철하기 위한 수준에서 정치권과 협력 관계를 갖되 무리한 행위는 하지 않는 게 바람직하다.

사익 추구에 매달리는 경우

단체의 사익은 단체의 임원·회원이나 사무국원의 사적인 이익을 포함한다. 단체의 사익 추구는 사무국 경비의 확충, 임원이나 회원만의 권익 보장을 명분으로 내세운다. 단체가 비영리법인 또는 비영리단체인 경우 수익을 배분하는 행위는 허가나 등록의 조건에서 금지하고 있다. 다만 수익 사업을 할 수는 있지만 목적 사업에 필요한 범위 내에서 주무관청에 승인을 얻어야 가능하다. 그럼에도 재정을 확충하기 위한 목적으로 단체의 사적인 이익만을 위해 무분별하게 사업을 하거나 영리행위를 하는 경우가 발생하는데 이는 법이나 정관의 목적 사항에 위배된다. 이와 같은 이탈 행위로 인해 문제가 된 사례가 있다.

한 보건 관련 협회가 주무부처의 감사를 받았는데 그 결과가 공개되자 이해 관계가 있는 의료 단체가 나서서 해당 협회를 해산할 것을 주장하고 나섰다. 해당 협회는 수의 계약 체결과 협회 창립 행사와 관련하여 업체로부터 돈을 받았으며, 진찰료를 요양 급여 비용으로 부당 청구했다는 것이다 이 과정에서 공무원 사칭과 의료법 위반 등의 행위를 저질렀다는 것이다. 의료계는 보건 관련 협회의 이기적인 영리 추구 행위를 규탄하며 해산 요구를 관철시키겠다는 것이다.

단체가 사업을 하다 보면 공익과 사익의 경계를 구분하지 못하는 경우가 있다. 이는 이해 당사자나 주변의 관련자 또는 내부의 고발로 인해 드러나게 되며 이로 인한 후유증도 만만치 않다. 비공개적으로 하는 경우 횡령이나 배임으로 흐를 가능성도 있다는 점에서 이사회나 총회 또는 주무관청과 사전 협의를 통해 수행하는 것이 바람직하다.

협회·단체의 성공 조건을 준수하라

단체의 성공은 무엇으로 판단할까? 두 가지다. 하나는 대내적으로 회원 만족이고 또 하나는 대외적으로 '단체의 위상'이다. 대부분 단체의 설립 목적에 가장 먼저 나타나는 내용이 '회원의 품위 보전 및 권익 증진과 친목의 도모'다. 단체는 회원 만족을 위해 운영 과정은 물론 의사 결정과 지배 구조에서도 회원을 고려하고 회원의 뜻이 반영될 수 있도록 해야 한다.

그래서 단체 임직원에 대한 성과를 평가하는 데 있어 회원 만족도를 가장 중요한 기준으로 삼는다. 그 이유는 전체적인 회원 만족도 수준이 높게 나타나면 단체의 임직원이나 업무에 대해 회원의 신뢰가 확인되는 것이며 또한 회원이나 이해관계자 일부의 불만이나 잘못된 주장이 전부인 양 침소봉대 또는 왜곡되는 일이 없도록 할 수 있다.

단체의 성공 여부를 판가름하는 데 내부적인 결속과 자체만족에도 불구하고 외부의 시각과 평가를 무시할 수는 없다. 단체가 법인으로서 사회적 기구이기 때문이다. 이는 많은 단체가 그 목적에 공익과 비영리를 기본으로 삼고 있다는 점에서 알 수 있다. 즉, 단체가 자신들의 권익과 이해를 구하고자 결성하지만 이는 공익과 비례해야 한다. 법과 규정을 어긴다든지, 사회적 비난의 대상이 되어서는 안 된다. 대내외적으로 성공한 단체가 되려면 몇 가지 구성 요소를 살펴야 한다.

단체의 성공을 위한 요건

① 목표 공동체일 것

② 합리적 의사 결정과 지배 구조를 갖출 것

③ 지속적으로 성장할 것

④ 투명하고 윤리적인 경영을 할 것

① 목표 공동체가 되자

단체는 공동체다. 공동체community는 같은 지역에 사는 집단을 일컫는 개념이었지만 점차 지역 한계를 벗어나게 되었다. 특히 온라인의 세상이 펼쳐지면서 이러한 개념에 변화가 생겼다. 그간 공동체의 형성은 혈연, 지연, 학연이 주류의 역할을 해 왔다. 하지만 이제는 공동의 관심과 이해관계를 중시하며 단체의 가입과 활동을 통한 협연協緣이 부상하고 있다. 단체가 개인의 사회적 네트워크를 제공하는 주 역할을 하고 있다. 따라서 개인은 좋은 공동체를 찾고자 단체의 선택을 중시하게 되었다.

좋은 공동체의 형성

좋은 공동체는 개인이 자유로운 참여를 통해 단체와 공동의 목적을 공유하며 구성원의 역할을 다하는 집단이다. 이를 위해 개인의 자유로운 의사 표현과 독립적인 주체로서의 권리를 인정하는 것이 중요하다. 그리하여 개인이 스스로 단체의 목적에 부합하는 행동을 하면서 전체의 이익을 위해 기여하게 된다.

좋은 단체는 좋은 공동체 의식이 있어야 한다

단체는 그 자체가 구성원의 의지로 가입하고 봉사하는 만큼 단체가 이들에게 자유와 반대되는 강요나 속박으로 접근하는 것은 본질적으로 맞지 않는다. 결국 좋은 공동체란 구성원의 자발적인 의지와 노력으로 집단의 목적을 이루기 여건을 갖추어야 한다.

공동체 의식이 필요하다

공동체에 가장 필요한 것은 공동체 의식이다. 마치 사람에게 정신과 같은 것이다. 구성원의 공동체 의식이 형성되면 단체에 대한 소속감과 신뢰감을 가지게 되며 공동의 관심사나 문제 해결에 협조하고 지원하는 모습을 보이게 된다. 좋은 공동체란 구성원이 자유를 바탕으로 자주적인 연대 의식을 가지고 '함께 한다'는 마음가짐과 행동을 보이는 단체다. 이러한 단체가 되려면 구성원에게 아래의 조건을 제공해야 한다.

> ① 구성원 모두가 함께하는 교류의 장을 제공해야 한다
> ② 구성원 간에 상호작용을 촉진해야 한다
> ③ 구성원 간에 유대감을 가지도록 해야 한다

이러한 조건을 충족함으로써 신뢰가 쌓이고 규범을 지키며 연대감을 갖게 된다. 바로 공동체 의식이 형성되는 것이다. 공동체 의식이 형성되면 개인이 풀기 어려운 문제를 집단을 통해 해결하기가 쉬워진다. 구성원 간에 형성된 유대감과 연대 의식으로 인해 단합된 힘으로 문제 해결을 하므로 성과와 성취감도 가져다준다. 단체의 구성원은 공동체 의식을 높이는 과정에서 민주적인 과정과 방식을 경험하고 이를 통해 객관적이고 합리적인 결과를 만들어 낼 수 있다. 어떤 사안에 대해 서로의 정보 교환, 의견 제시, 아이디어 발굴과 토의를 하여 전체가 공감하고 보람을 느끼게 된다.

바람직하지 않은 공동체

단체의 구성원에게 어느 정도 공동체 의식이 높아지면 강한 집단적 사고가 형성된다. 구성원들이 학습을 통해 역량을 갖추고, 문제 해결

과정을 거치면서 자신감과 공헌 의식을 갖게 되고, 또한 힘을 합쳐 해결해야 한다는 책임감도 느낀다. 이러한 요소들은 집단에 대한 강한 소속감과 '할 수 있다' 신념을 강화시키는 반면 과도한 경우 집단적 사고에 빠질 수 있다는 점이다. 그리되면 공동체 의식의 기본인 자유로운 개인의 의사는 더 이상 중시되지 않는다. 왜냐면 전체적인 합의가 목적이 되어 의사 결정의 효율성만을 강조하려 하기 때문이다. 또한 집단 의사 결정 과정에서 개인에게 강한 동의와 충성심을 요구하고 구성원들도 이에 동조함으로써 민주적인 과정이나 절차를 소홀히 하게 된다.

이러한 집단만능주의는 어느 정도 집단의식이 형성되기까지는 긍정적인 모습을 보이지만 일정 수준을 벗어나면 부작용이 속출하기 쉽다. 따라서 손쉽게 다수결의 방식, 그것도 만장일치를 지향하게 된다. 이에 중독되면 토론이나 이의 제기에 의미를 두지 않게 된다. 단체의 구성원들이 자만심을 가지고 외부적으로 힘을 발현하려고 한다. 주변의 이야기를 귀담아 들으려 하지 않으며 대외적으로 폐쇄성을 띠게 된다. 장애물이나 반대 의견을 접하면 집단의 힘으로 해결하려고 한다.

공동체와 목표는 불가분이다

집단적 사고의 폐해를 방지하고 좋은 공동체를 형성하기 위한 가장 좋은 방법은 바로 목표 공동체를 지향하는 것이다. 우리가 흔히 공동체를 언급할 때 지역 공동체, 평화 공동체, 신앙 공동체, 경제 공동체 등 "○○ 공동체"라는 말을 한다. 그 공동체가 ○○적 목적을 갖는다는 뜻이다. 이처럼 공동체는 목표와는 불가분의 관계를 지니고 있다.

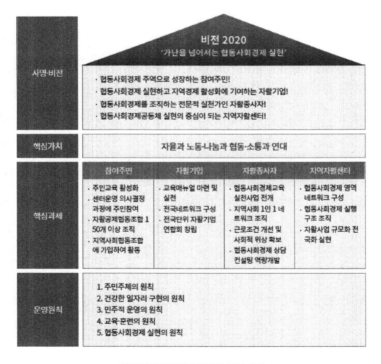

한국지역자활센터협회의 비전 선언

많은 단체가 공동체로서 법이나 정관에 목적을 정하고 있다. 단체는 목적을 달성하기 위한 공동체다. 구성원들은 '도대체 우리 협회가 하는 일이 뭐지?', '내가 여기서 무엇을 얻을게 있나?'라는 의문을 가진다. 그 이유는 단체가 스스로의 목적과 사명에 근거한 공동체임을 인식하고 있지 못하고 있기 때문이다. 설사 목적을 가지고 있음에도 이를 충분히 공유하지 않으며 공유한다 해도 그저 회장이나 임원의 취임 초에 내놓는 '일회성 공약' 정도로 그친다. 단체는 임원이나 회원에게 목표를 정하고 비전을 제시하고 구체적으로 목적이나 사명선언문, 추진 사업에 대한 정보나 지식을 제공해야 한다. 그것도 SNS(사회 네트워크서비스)나 이메일, 홈페이지, 인쇄책자 등의 다양한 매체를 통해 쉽게 접근하도록 하여야 한다.

짐 콜린스(『성공하는 사람들의 8가지 습관』 저자)는 동료교수와 36개 기업에 대한 리더십연구에서 '비전을 가진 조직'이 지속적으로 성공할 가능성이 높다는 것을 입증해 냈다. 비전을 공유하는 수단으로써 사명선언문mission statement을 제공하기도 한다. 목적이나 목표를 정하여 제시하고 이에 대해 충분히 설명하여야 한다. 경영 방침 또한 매우 중요한 조직 관리의 지침이 된다. 이는 후속적으로 실행 수단이나 프로세스를 마련하여 구호에 그치는 것이 아니어야 한다. 성공하는 단체의 비결은 목적을 명확히 하고 그 목적이 전체적으로 공유되고 실현되도록 하는 데 있다.

합리적 의사 결정 구조를 만들라

최근 ESG(환경, 사회, 지배 구조) 경영이 화두가 되고 있다. 단체도 이를 고려해야 한다. 특히 거버넌스의 개념은 '주인도 없고 목표도 없다'고 하는 단체에서 더욱 관심을 가지고 살펴봐야 한다. 좋은 의사 결정은 좋은 지배 구조 또는 거버넌스governance에서 나온다. 거버넌스는 구성원이 조직체의 경영에 참여·협력하는 구조를 말한다. '협치協治'라고 보면 좋을 것이다. 단체의 거버넌스는 회원 만족과 대외적 위상 제고를 위해 단체의 의사 결정에 영향을 미치는 제반 요소의 운영 시스템이라고 할 것이다. 결국 단체는 특정 개인이나 소수가 아닌 공식적인 대표성을 가진 이사회 중심으로 투명하고 공정한 경영을 하라는 것이다. 단체는 집단주의 성격이 강하므로 전체가 맞물려서 돌아가는 복합적인 기계와 같다. 한두 개의 부품이 고장이나 멸실되어도 본질적인 기능에 장애가 되어서는 안 된다. 그런 점에서 좋은 단체일수록 회장이나 구성원 한 두 사람이 없어도 단체가 치명적으로 흔들리지 않고 유지되어야 한다. 그래야 훌륭한 역량을 갖춘 단체장이나 임원이 현재의 일상적 관행적 경영에서 한걸음 나아가 보다 새롭고

발전된 일을 추진할 수 있다. 좋은 의사 결정 구조와 거버넌스가 단체의 뿌리라면 구성원의 역량은 줄기와 열매라 할 수 있다.

지배 구조를 잘 살펴야

새로운 도약을 시도하는 단체에서 나타나는 현상의 하나가 의사 결정과 지배 구조에 대한 재설정이다. 많은 단체가 '새로운 도약'을 추구한다. 단체를 둘러싼 대외 환경이 바뀌거나, 신임회장과 집행부가 들어서거나, 주무관청의 요구가 있거나, 내부적인 문제(갈등, 재정난, 사건 사고 등)가 발생함으로써 기존의 방식으로는 현안 해결이 어려운 경우다. 이때 단체는 새로운 돌파구를 모색하게 된다. 그러나 새로운 방식은 저항과 반발이 따르고 부작용도 만만치 않다. 그 이유는 기존의 관행과 기득권에 안주해 왔던 사람들과 부딪히기 때문이다. 따라서, 새로운 상황에 맞는 의사 결정을 하기가 어렵다.

단체를 경영하려면 목적과 사명, 추구하는 사업에 걸맞는 의사 결정을 해야 하며 이를 위해 합리적인 절차와 권한이 동반되어야 한다. 의사 결정은 단체의 지배 구조와 연관성이 높다. 의사 결정을 위해서는 지배 구조의 올바른 설정, 그리고 구체적이고 객관적인 근거와 데이터의 분석·적용이 필요하다. 하지만 이는 쉬운 게 아니다. 많은 단체에서는 회장이나 일부 임원들이 과도한 의욕과 권한으로 밀고 나간다든지, 아예 이러한 의사 결정과 지배 구조에 대해 진지하게 고민하지 않거나 방안을 찾으려 하지 않는 경우가 있다. 단체는 인적 조직이다. 따라서 사람들 간에 협의하고 합의하는 일이 본연의 일이다. 충분히 합의하려는 노력이 필수적이다.

합의되지 않으면 서두르지 말아야

단체의 회장이나 임직원의 의사 결정은 '회원의 뜻'을 반영하여 이루어져야 한다. 회원들의 의견이 분분하고 이견이 많다면 이를 조정하고 통합하는 노력이 선행되어야 한다. 결코 쉬운 일이 아니다. 아무리 급해도 바늘허리에 실을 매어서는 안 된다. 한 단체의 임원을 지낸 지인의 말이 인상적이다. 그는 단체를 경영하는 데 있어 최우선 방침을 '합의되지 않는 일은 무리하게 서두르지 않는다'로 정했다고 한다. 갈등이나 문제의 소지가 있는 일은 1년이고 2년이고 미루거나 합의안이 나올 때까지 계속 논의를 하는 게 낫다. 그 이유는 조직에서 발생하는 갈등의 원인이 '조급하고 무리하게' 밀어붙이다가 발생한다. 한 단체의 사례를 살펴보자.

한 단체는 과거에 오랫동안 심각한 수준의 갈등을 겪어 왔다. 특정 사업을 추진함에 있어 회장이 자신의 뜻(이해관계)대로 하려고 했기 때문이었다. 결국 이 단체는 찬성파와 반대파로 갈라졌고 고소·고발이 난무하는 상황이 되었다. 이 과정에서 회장의 비리가 발각되어 회장은 배임횡령혐의를 받고 물러나게 되었다. 무리하게 밀어붙이는 데에는 뭔가 다급하거나 양보할 수 없는 이유가 있다. 그런 점에서 '긴급하거나 중요하지 않은 안건은 합의 시까지 보류한다'는 원칙은 단체의 원만한 운영을 위해 한 번쯤 고려해 볼 만한 방법이다.

합의는 끈질기게 해야 한다

합의 정신은 단체경영에서 매우 중요하다. 그렇다고 '기다려 보자'는 식의 연기전략이 최고의 방책이라고 하기는 어렵다. 전체적인 합의가 어려우면 일단 유보시키고 나서 다음 단계를 모색한다. 외부 전문가의 의견을 듣는 공론의 장을 펼치는 것이다. 갈등이 심한 단체는 이 또한 어려울 것이다. 외부 전문가의 선정 과정에서 누구 측의 사람이냐고 따지거나 설사 무난히 인물 선정을 해도 자신과 상반된 견해를 가지고 있으면 못마땅하게 여기기 때문이다. 그렇다 하더라도 전문가의 객관적인 의견을 구성원에게 전달해야 한다. 이 또한 회원들을 배려하고 존중하는 모습이기 때문이다.

다음 단계는 다수결이다. 많은 단체에서 공식적이고 객관적인 방법으로 의사 결정을 하고자 다수결의 원칙에 의한 투표를 실시한다. 대부분 단체의 이사회나 총회는 재적의원 과반수의 출석과 출석의원 과반수의 찬성으로 의결한다. 사안이 중대한 것은 3분의 2의 출석과 의결 조건을 택하기도 한다.

다수결의 편리함은 후유증으로 이어진다

투표에 의한 결정은 법이나 정관에서 정한 사항이므로 이의를 제기하기 어렵다. 그만큼 효과적인 방법이다. 그러나 국회에서 벌어지는 다수당과 소수당의 관계에서 보여지 듯 비록 투표로 의사 결정은 내리지만 갈등과 후유증을 피하지는 못한다. 단체와 회원 간에 이해 상충이 발생하는 경우, 예를 들면 회비 인상과 같은 경우는 재정 보충을 원하는 집행부와 추가부담을 꺼려하는 임원이나 회원이 서로 다른 입장을 갖게 된다. 또한 어려움에 처한 회원을 돕자고 해도 다른 회원들이 선뜻 나서기를 망설이는 경우도 있다. 이때 집행부는 '부담스럽다'는 회원들을 설득해야 한다. 이러한 이해 상충에서의 의사 결정은 쉽지 않다. 그럼에도 아래와 같은 여러 가지의 옵션을 고려하여 좋은 결과를 도출하도록 한다.

결과에 이르는 다섯 가지 방법

① 자체적인 설득 노력으로 합의에 도달

② 외부의 객관적인 사실이나 의견을 반영

③ 투표로 결정

④ 보류하면서 기다렸다가 적당한 때가 되면 재차 합의나 표결을 시도

⑤ 안건을 폐기

단체는 어느 한 사람이나 한 부류의 일원이 주도해서 변화하기가 쉽지 않다. 단체의 구성원 누구든 배를 저으면서 물살에 따라야 함에도 물살을 거슬러 올라가면서 열심히 노를 젓는 것이 변화와 혁신이라고 생각해서는 안 된다. 단체는 어느 한 사람이 비전과 능력을 가졌다 해도 이를 조화롭게 펼치지 않으면 갈등과 역효과를 불러일으킨다.

③

지속적인 성장을 추구하라

단체도 환경 변화에 대응하지 못하면 도태된다. 성장의 잣대는 회원수가 늘고 재정 상황이 좋아지며 성과와 보람이 쌓이는 것이다. 수십년의 역사에도 불구하고 사라지는 단체는 회원 수나 수입이 줄고 회원을 위한 노력이 부족하기 때문이다. 즉, 현실 유지에 급급하여 성장을 위한 노력을 하지 않은 것이다. 다음의 두 사례를 보자.

30년 가까운 역사를 가진 한국악기공업협회가 최근 해산했다. 온전한 회원은 삼익악기 외에는 찾아보기 힘든 현실이다. 협회는 지난달 말 임시총회를 열어 해산을 결의하고, 지난 8일자로 해산 작업을 마쳤다. 협회는 1983년에 설립돼 해외 전시회와 수출입 관련 지원, 대정부 애로사항 건의 등을 해 왔다. 하지만 1990년대 중반부터 악기산업이 침체기에 들고 미국과 유럽, 일본 업체가 장악하자 협회의 역할이 흔들렸고 결국 해산에 이른 것이다.

미국의 한국전쟁포로협회가 공식 해산했다. 지난 1976년 설립한 협회는 모두 470여 명이 참석한 가운데 윌리엄 회장은 "계속 모임을 갖고 싶지만, 회원들 대

다수가 활동할 여력이 없다."라며 해단을 공식 선언했다. 협회는 한때 회원 수가
1,200명에 달했었다.

성장의지와 실행이 연계되어야 한다

단체의 지속적인 성장을 위해서는 성장 전략이 마련되어야 한다.
가장 먼저 단체가 성장의 어느 단계에 있는지를 파악한다.

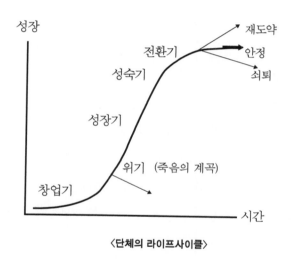

〈단체의 라이프사이클〉

단체는 초기에 단체를 설립하는 발기인들의 의지와 열정, 일정한
자원을 확보하여 출발한다. 그리고 이는 일정기간 안정을 유지하고
성장의 기반을 마련해 준다. 비교적 여유로운 인력과 자산을 확보하
고, 뚜렷한 목표와 경영 수단을 가지고 출발한 단체는 일정 시간 성
장하는 데 문제가 없다. 그러나 일부는 성장 과정에서 환경 변화, 재

정악화, 내부 갈등이나 사건 사고 등으로 위기에 직면하기도 한다. 창업 기업이 초기의 어려움에 닥치는 이른바 '죽음의 계곡death valley'을 지나는 것과 같다.

그러나 이를 극복하고 나면 탄력을 받아 상당 기간 순조로운 성장을 할 수 있다. 단체의 성공 요인인 리더십도 형성되고 각종 규정이나 절차가 공식화되는 등 관리체계도 마련되며 목표 중심의 성장 정책을 원만하게 수행할 수 있다. 이 단계에서는 조직 인력의 확대로 인한 갈등, 관행과 새로운 규정문화의 충돌이 생긴다. 업무의 위임과 재정비도 필요한 시기이므로 관리 수요가 증가한다.

조직은 성장기를 거치면서 어느 정도 단계에 이르면 내부적인 안정과 외부적인 이미지가 구축되며 성숙기에 접어든다. 조직에 나름대로 성공 신드롬도 생긴다. 그간 해 온 경로로만 순항하면 문제가 없다고 생각한다. 특히 단체는 영리법인의 기업과 달리 시장의 환경이나 경쟁자 관계가 그리 치열하지는 않다. 영리기업처럼 이익을 추구하고자 치열한 시장에 있지도 않고, 주무관청이 설립 허가를 내주면서 유사 단체나 중복 단체가 없는 경우에만 허가를 해 준다는 점에서 새로운 경쟁자의 출현도 크게 우려할 사항이 아니다.

그러나 단체의 성숙은 결국 전환기를 맞이하게 된다. 조직은 관료화되고 계층화되어 효율성과 문제 해결을 위한 신속한 의사 결정도 어려워진다. 고정 비용은 증가하고 회원은 더 이상 증가세를 보이지 않으며 새로운 서비스의 개발도 답보 상태에 이른다. 여기에서 단체의 전략적 판단이 필요하다. 새로운 성장을 위한 혁신을 할 것인지, 현재에 만족하고 무사안일하게 갈 것인지를 선택해야 한다.

성숙기에서의 경로 세 가지

- 새로운 도약을 하거나
- 쇠퇴하거나
- 그럭저럭 현재의 상태를 연장하는 것이다

어떻게 성장할 것인가?

성장을 하려면 먼저 성장 전략을 만들어야 한다. 성장 전략으로써는 장기적인 성장 목표를 설정하고 어떻게 달성할 것인지 수단과 방법을 정하며 이를 수행하기 위한 경영자원이 충분한지, 어떻게 확보할 것인지, 어떤 순위에 투입할 것인지를 정해야 한다. 성장 지표는 자산 수익의 지표로써 회원과 수입, 수익 자산 등을 들 수 있고, 가치 창출의 지표로써 조직 문화와 인적 자원의 역량, 대외 이미지, 경쟁력 등을 고려해야 한다. 특히 회원의 양적·질적 증가는 단체의 가장 중요한 성장 지표로 인식하고 이를 확대하는 데 노력을 기울여야 한다.

회원 수가 많은 단체는 규모의 경제와 보유 자원 활용의 시너지 효과를 거두며 사업의 다양성과 수익성을 추구할 수 있다. 규모가 작은 두 개의 유사 중복의 단체가 통합의 시너지를 거두는 사례도 있다. 각자 해산한 후 하나의 통합 단체로 출범한 사례를 살펴보자.

한국자동차튜닝협회와 한국자동차튜닝산업협회가 통합을 전제로 해산 의결 절차를 마쳤다. 양 협회는 총회를 열고 협회 해산을 위한 통합 실무팀 구성과 정관 변경을 하기로 했다. 국토교통부와 산업통상자원부의 공동인가를 받는다. 통합명칭은 '한국자동차튜닝협회'다. 중복 회원을 제외한 추가 가입 의사를 밝힌 회원은 80~90개사, 개인은 700~800여 명에 이를 것으로 예상된다. 신임 회장은 "협회가 이원화되어 가입을 주저했는데 이 기회에 발전적으로 출범하게 되었다."라고 밝혔다.

성장을 위해 혁신하라

성장하기 위해서는 각자의 역할 분배가 적정하게 이루어져야 한다. 단체장이나 임원은 단체의 성장을 위한 전략을 마련해야 한다. 전략적인 문제는 회장과 이사들이 고민해야 하며 일반적인 운영은 사무국에 맡기되 업무의 위임이나 규정, 절차, 통제 시스템, 비용효과 등을 재점검하여 재무적·비재무적 목표와 성과를 설정해 주어야 한다.

단체가 다른 유형의 조직과 다른 점은 주기적으로 전체 임원이 교체된다는 점이다. 즉 일정한 임기를 마치면 회장을 비롯한 부회장, 감사, 이사 등 의사 결정의 최고지위에 있는 사람들이 물러나게 된다. 그리고 신임집행부가 들어서면 마치 정권이 바뀐 양 뒤숭숭해진다. 새로 취임한 회장은 단호한 의지를 가지고 공약을 실현하기 위해 자신이 가지고 있던 비전과 목표를 달성하려고 한다. 그러나 그 접근방법과 속도에 신중을 기해야 한다.

혁신을 하겠다고 나서되 표면적으로 기존의 것을 부정하거나 무시하는 태도를 보이지 않아야 한다. 전임 회장단과 사무국은 자신들이 그간 해 놓은 일을 부정하거나 평가절하내지는 폐지할까 봐 우려와 반발을 할 수 있다. 새로운 일을 원만하게 해내는 방법은 일단 기존 이해관계자들의 의견을 충분히 듣고 새로운 사람들이 새로운 각도에서 만들어 내는 것이다. 예를 들어 기획 업무를 바꾼다고 기획파트의 사람들에게 혁신 방안을 만들도록 일단 기회를 준다. 혁신의지가 있는데 그간 여건이 안 되어 못한 경우가 있기 때문이다. 아니면 다양한 구성원으로 개선전담팀TFT: Task Force Team을 만들어 과정부터 객관적이고 융합적인 접근을 하는 게 좋다. 단체의 다중적 의사결정 구조의 특징을 감안할 때 급격한 변화나 기존의 틀을 무시 또는 제거하는 것은 아무에게도 이롭지 않다. 만일 혁신이 특정한 이익을 위해서라면 더욱 신중해야 한다.

투명·윤리경영을 실천하라

　윤리경영은 단체가 법에서 정하는 책임과 의무는 물론 사회의 일반적인 도덕 수준과 기대를 단체의 의사 결정이나 행위에 반영하는 것이다. 이러한 윤리경영의 단초가 되는 것이 바로 투명성이다. 구성원에게 관련된 정보와 의사 결정의 과정을 투명하게 공개하는 것이다.

　그러나 윤리경영은 쉽지 않다. 일부의 파벌이나 연고주의, 개인의 사적인 욕심과 권한 남용, 폐쇄적인 의사 결정, 부패 방지에 대한 공감대 결여 등 넘어야 할 산이 많다. 그럼에도 훌륭한 단체의 특징은 투명하고 윤리적이다. 이는 '기업의 사회적 책임'이나 'ESG경영', 'ISO' 등에서도 강조되고 있다. 가장 먼저 이를 이해하고 실천해야 할 주체는 임원이다. 단체는 임원을 선임하는 단계에서부터 윤리 투명 경영에 대한 이해와 실천 의지가 있는 사람을 선임해야 한다.

　　문체부는 부적절한 협회 운영을 한 ○○○협회에 기관장 경고를 하였다. 내부

　　진정에 따라 협회사무를 검사한 결과 특정 신문의 부수 부풀리기를 확인했다.

　　이에 감독관청은 17건의 개선 조치를 제시했으나 이를 이행하지 않자 인쇄매체

정부 광고의 집행, 소외 계층의 구독료 지원 등의 기준에서 부수를 제외하였다. 또한 협회에 지원했던 공적자금 잔액 45억 원도 회수하기로 했다. 퇴출 선고와 같은 것이다. 한 교수는 "협회가 위기에도 문제의식이 없는 것 같다. 자정 노력을 전혀 하지 않는다는 방증"이라고 평가했다.

'먼저'가 아니라 '모두'여야 한다

투명윤리경영은 누구에게 맡겨서 되는 일이 아니다. 시스템을 마련하고 실질적으로 작동하도록 해야 한다. 이사회 의장이나 집행부의 한 사람에게 권한이 모아져서는 안 된다. 그 이유는 전체적인 이해 조정과 감시·통제를 해야 할 이사회의 의장이 동시에 집행부를 장악하면 견제와 균형이 깨지고, 조직 내 권력 불균형으로 원활한 의사소통이 어렵게 된다. 회장이 전횡을 휘둘러도 마땅하게 나서거나 이의 문제를 제기하기 어려운 상황이 만들어진다. 아울러 전 구성원의 감시와 직원의 동참이 필요하다. 윤리 투명 경영은 사무국 직원이 의지와 자세를 갖추면 실효성 있게 실행이 가능하며 상당 부분 사고 발생을 방지할 수 있다. 이를 위해서는 사무국 직원의 사명 의식이 필요하며 단체도 이들의 역량 개발과 동기 부여, 처우 개선에 노력해야 한다.

윤리 투명 경영의 전사적 실행 조건

① 윤리·투명 경영에 대한 교육과 이해

② 실천 지침의 마련과 공표

③ 윤리와 투명성을 최고가치로 하는 조직 문화의 조성

④ 신상필벌을 엄격하게 시행

⑤ 피드백을 하여 보완 및 예방

윤리 투명 경영은 반드시 위로부터 해야만 한다는 생각은 바람직하지 않다. 아래에서부터만도 아니다. 위나 아래의 어느 쪽이 먼저 하기보다 양쪽이 함께 해야 한다. 다만 단체장이 윤리경영의 비전과 방향, 목표를 제시하되 구성원은 이의 실천방안을 만들어 정해진 규칙과 행동양식에 따라 이행한다. 이러한 점을 감안하여 윤리강령에서 임직원의 기본윤리와 단체의 책임을 강조한 건설공제조합의 사례를 살펴보자.

건설공제조합의 윤리강령

임직원의 기본윤리

• 조합의 경영이념과 비전을 공유하고 창의와 성실로써 맡은 바 직무를 신속 정확하게 수행한다.

• 구성원의 명예유지를 위해 공·사생활에서 윤리적으로 사고하고 행동하며 각종 법령 및 사규, 건전한 시장질서에 따른 선의와 상식을 준수한다.

• 직무 수행에 있어 조합과 개인의 이해 상충행위를 하지 않으며, 이해 상충의 경우 개인의 이익보다 조합의 이익을 우선적으로 생각하고 행동한다.

- 자신이나 타인의 공정하고 투명한 직무 수행을 저해하는 부당한 지시, 알선·청탁, 금품수수, 차별행위 등 비윤리적 행위를 하지 않는다.
- 동료 및 부서 간에 상호협조하며, 불신풍조를 조장하거나 건전한 조직분위기를 저해하는 유언비어나 비속적 위협적 언행, 성희롱을 하지 않는다.
- 공과 사를 엄격히 구분하여 어떠한 경우에도 조합 재산을 유용하거나 사적인 용도로 사용치 않고, 직위를 이용하여 사적 이익을 추구하지 않는다.
- 직무 수행과 관련하여 인지·취득한 모든 정보는, 정당한 절차에 의하지 아니하고서는 공개·누설하지 않는다.

임직원에 대한 조합의 책임

- 임직원을 조합의 가장 소중한 자산으로 여기며, 주인 의식을 가지고 직무를 통해 긍지와 보람을 성취할 수 있는 환경을 조성한다.
- 임직원 개개인의 존엄성과 기본권을 존중하며, 근무기강과 미풍양속을 저해하지 않는 한 임직원의 사생활을 최대한 보장한다.
- 임직원이 조직발전에 기여하고 개인성장을 이룩할 수 있도록 공평한 기회를 부여하며, 공정한 기준에 따라 평가한다.
- 고용, 업무, 승진 등에 있어 성별, 신체조건, 종교, 지연, 학연 등을 이유로 차별하지 아니한다.
- 임직원의 건전한 제안, 건의 및 애로사항을 자유롭게 표현할 수 있도록 필요한 제도를 갖추고 분위기를 조성한다.
- 조직 내에 원활하고 효율적인 의사소통체계를 구축하여 자율적이고 창의적으로 복무할 수 있도록 적극 지원한다.
- 노사문제는 양보와 타협을 바탕으로 합리적 사고와 긍정적 대화를 통해 해

결하며, 노사 모두가 조합의 주인이라는 자부심을 갖고 신뢰와 화합을 바탕으로 공존번영을 추구한다.

국가 및 사회에 대한 책임

- 제반 법규와 사회적 윤리가치, 건전한 상관습을 준수하며 국민경제에 해를 끼치거나 위화감을 조성하는 행위를 하지 않는다.
- 건전한 경영활동을 저해하는 모든 형태의 부조리를 배격한다.
- 학벌, 성별, 종교, 지역 등에 따라 차등을 두지 않고 누구에게나 고용의 기회를 공정하게 부여한다.
- 관계법령과 일반적으로 인정된 회계원칙에 따라 투명하게 회계처리하며 조세를 성실하게 납부한다.
- 정치에 관여하지 않으며, 임직원은 적법한 정치활동을 하는 경우에도 개인적인 의견이 조합의 입장으로 오해받지 않도록 주의하여야 한다.
- 자원봉사·사회 봉사·재난구호·보유시설 공유 등을 통해 사회에 대한 봉사 활동에 적극 참여하며, 이를 위한 임직원의 참여활동을 지원한다.
- 경영활동을 통해 창출된 이익을 바탕으로 각종 복지기구 및 사회적 약자에 대한 적정한 재정 지원을 함으로써 이익의 사회환원에 노력한다.

" 함께 고민하는 시간이었네 "

책을 쓴다는 게 어찌 보면 참으로 무모한 일이다. 무엇을 많이 또는 잘 알아서라기보다 용감해서 저지르는 경우일 수도 있다. 직·간접적으로 많은 단체를 경험했지만 내가 몸담았던 단체는 비교적 안정된 조직이었다. 하지만 많은 단체들은 '좋은 뜻'을 가지고 있으면서도 그 뜻을 펼치는 데 한계와 제약을 가지고 있었다. 운영난을 겪거나 현상 유지에도 버거워 성장의 기회를 놓치기도 했다. 다수의 협회나 단체가 회장이나 임·직원의 희생과 인내로 버티면서도 마땅한 돌파구를 찾지 못하고 있었다. 그것이 처음 출발할 때부터 지닌 태생적 한계에서 비롯되든 임직원들의 무능이나 그릇된 행태에서 야기되든 단체 구성원의 혁신적 의식과 전문적 지식이 뒷받침되어 역량을 발휘해야 가능함을 느꼈다. 이 글은 나의 경험과 사례를 토대로 한 것이다.

나 자신도 단체의 일원의 입장에서 동질감을 가지고 해법을 찾고자 노력했다. 사실 단체경영이 불과 몇 권의 책에서 기본 원칙을 확인하고 동기 부여를 받을 수는 있다. 하지만 원칙 중심의 외국 번역서나 회계 관점의 저서에도 불구하고 이로는 충분치 않았다. 따라서 독자들에게 조금이라도 생생하게 국내 실정에 맞는 내용을 제공하고자 노력했다.

이 책은 단체에 '만능의 해법'을 제시하기보다 독자와 함께 협회·단체의 발전을 위해 '고민했다'는 증거의 산물이 되었으면 한다. 조금 욕심을 부려 본다면 이 책이 독자와 공감하고 그들의 이해와 지식을 더하여 단체의 발전에 도움이 되었기를 바란다. 나에게는 큰 보람과 영광이 될 것이다. 이 책이 단체의 성공을 위해 '용기가 쏘아 올린 작은 공'이 되었으면 한다.

민법의 비영리법인

제3장 제1절 총칙

제31조 (법인성립의 준칙)	법인은 법률의 규정에 의해서만 성립한다.
제32조 (비영리법인의 설립과 허가)	학술, 종교, 자선, 기예, 사교 기타 영리 아닌 사업을 목적으로 하는 사단 또는 재단은 주무관청의 허가를 얻어 이를 법인으로 할 수 있다.
제33조 (법인 설립의 등기)	법인은 그 주된 사무소의 소재지에서 설립등기를 함으로써 성립한다.
제34조 (법인의 권리능력)	법인은 법률의 규정에 좇아 정관으로 정한 목적의 범위 내에서 권리와 의무의 주체가 된다.
제35조 (법인의 불법행위능력)	① 법인은 이사 기타 대표자가 그 직무에 관하여 타인에게 가한 손해를 배상할 책임이 있다. 이사 기타 대표자는 이로 인하여 자기의 손해배상책임을 면하지 못한다. ② 법인의 목적범위외의 행위로 인하여 타인에게 손해를 가한 때에는 그 사항의 의결에 찬성하거나 의결을 집행한 사원, 이사 및 기타 대표자가 연대하여 배상해야 한다.
제36조 (법인의 주소)	주된 사무소의 소재지에 있는 것으로 한다.
제37조 (법인 사무 검사, 감독)	법인의 사무는 주무관청이 검사, 감독한다.
제38조 (법인의 설립 허가취소)	법인이 목적 이외의 사업을 하거나 설립 허가의 조건에 위반하거나 기타 공익을 해하는 행위를 한 때에는 주무관청은 그 허가를 취소할 수 있다.
제39조 (영리법인)	① 영리를 목적으로 하는 사단은 상사회사설립의 조건에 좇아 이를 법인으로 할 수 있다. ② 전항의 사단법인에는 모두 상사회사에 관한 규정을 준용한다.

제2절 설립

제40조 (사단법인의 정관)	사단법인의 설립자는 다음 각호의 사항을 기재한 정관을 작성하여 기명날인 하여야 한다. 1. 목적 2. 명칭 3. 사무소의 소재지 4. 자산에 관한 규정 5. 이사의 임면에 관한 규정 6. 사원 자격의 득실에 관한 규정 7. 존립시기나 해산 사유를 정하는 때에는 그 시기 또는 사유
제41조 (이사의 대표권 제한)	이사의 대표권 제한은 정관에 기재하지 않으면 효력이 없다.
제42조 (사단법인의 정관의 변경)	① 정관 변경은 총사원 3분의 2 이상 동의가 있어야 할 수 있으며 정관에 규정이 있으면 그에 의한다. ② 정관 변경은 주무관청의 허가를 얻지 아니하면 효력이 없다.
제43조 (재단법인의 정관)	재단법인의 설립자는 일정한 재산을 출연하고 제40조제1호 내지 제5호의 사항을 기재한 정관을 작성하여 기명날인 하여야 한다.
제44조 (재단법인의 정관의 보충)	재단법인의 설립자가 그 명칭, 사무소소재지 또는 이사임면의 방법을 정하지 아니하고 사망한 때에는 이해관계인 또는 검사의 청구에 의하여 법원이 이를 정한다.

제45조 (재단법인의 정관 변경)	① 재단법인의 정관은 그 변경방법을 정관에 정한 때에 한하여 변경할 수 있다. ② 재단법인의 목적 달성 또는 그 재산의 보전을 위하여 적당한 때에는 전항의 규정에 불구하고 명칭 또는 사무소의 소재지를 변경할 수 있다. ③ 제42조제2항의 규정은 전2항의 경우에 준용한다.
제46조 (재단법인의 목적, 기타의 변경)	재단법인의 목적을 달성할 수 없는 때에는 설립자나 이사는 주무관청의 허가를 얻어 설립의 취지를 참작하여 그 목적 기타 정관의 규정을 변경할 수 있다.
제47조 (증여, 유증에 관한 규정의 준용)	① 생전처분으로 재단법인을 설립하는 때는 증여에 관한 규정을 준용한다. ② 유언으로 재단법인을 설립하는 때에는 유증에 관한 규정을 준용한다.
제48조 (출연재산의 귀속시기)	① 생전처분으로 재단법인을 설립하는 때에는 출연재산은 법인이 성립된 때로부터 법인의 재산이 된다. ② 유언으로 재단법인을 설립하는 때에는 출연재산은 유언의 효력이 발생한 때로부터 법인에 귀속한 것으로 본다.
제49조 (법인의 등기사항)	① 법인 설립의 허가가 있는 때에는 3주간 내에 주된 사무소소재지에서 설립등기를 하여야 한다. ②전항의 등기사항은 다음과 같다. 　1. 목적 2. 명칭 3. 사무소 　4. 설립 허가의 연월일 　5. 존립시기나 해산이유를 정한 때에는 그 시기 또는 사유 　6. 자산의 총액 　7. 출자의 방법을 정한 때에는 그 방법 　8. 이사의 성명, 주소 　9. 이사의 대표권을 제한한 때에는 그 제한
제50조 (분사무소설치의 등기)	① 법인이 분사무소를 설치한 때에는 주사무소소재지에서는 3주간 내에 분사무소를 설치한 것을 등기하고 그 분사무소소재지에서는 동기간내에 전조제2항의 사항을 등기하고 다른 분사무소소재지에서는 동기간내에 그 분사무소를 설치한 것을 등기하여야 한다. ② 주사무소 또는 분사무소의 소재지를 관할하는 등기소의 관할구역내에 분사무소를 설치한 때에는 전항의 기간내에 그 사무소를 설치한 것을 등기하면 된다.
제51조 (사무소이전의 등기)	① 법인이 그 사무소를 이전하는 때에는 구소재지에서는 3주간내에 이전등기를 하고 신소재지에서는 동기간내에 제49조제2항에 게기한 사항을 등기하여야 한다. ② 동일한 등기소의 관할구역내에서 사무소를 이전한 때에는 그 이전한 것을 등기하면 된다.
제52조 (변경등기)	제49조제2항의 사항 중에 변경이 있는 때에는 3주간내에 변경등기를 하여야 한다. 제52조의2(직무집행정지 등 가처분의 등기) 이사의 직무집행을 정지하거나 직무대행자를 선임하는 가처분을 하거나 그 가처분을 변경·취소하는 경우에는 주사무소와 분사무소가 있는 곳의 등기소에서 이를 등기하여야 한다.
제53조 (등기기간의 기산)	전3조의 규정에 의하여 등기할 사항으로 관청의 허가를 요하는 것은 그 허가서가 도착한 날로부터 등기의 기간을 기산한다.

제54조 (설립등기 외 등기효력과 등기사항의 공고)	① 설립등기 이외의 본절의 등기사항은 그 등기후가 아니면 제삼자에게 대항하지 못한다. ② 등기한 사항은 법원이 지체없이 공고하여야 한다.
제55조 (재산목록과 사원명부)	① 법인은 성립한 때 및 매년 3월내에 재산목록을 작성하여 사무소에 비치하여야 한다. 사업연도를 정한 법인은 성립한 때 및 그 연도말에 이를 작성하여야 한다. ② 사단법인은 사원명부를 비치하고 사원의 변경이 있는 때에는 이를 기재하여야 한다.
제56조 (사원권의 양도, 상속금지)	사단법인의 사원의 지위는 양도 또는 상속할 수 없다.

제3절 기관

제57조(이사)	법인은 이사를 두어야 한다.
제58조 (이사의 사무 집행)	① 이사는 법인의 사무를 집행한다. ② 이사가 수인인 경우에는 정관에 다른 규정이 없으면 법인의 사무 집행은 이사의 과반수로써 결정한다.
제59조 (이사의 대표권)	① 이사는 법인의 사무에 관하여 각자 법인을 대표한다. 그러나 정관에 규정한 취지에 위반할 수 없고 특히 사단법인은 총회의 의결에 의하여야 한다. ② 법인의 대표에 관하여는 대리에 관한 규정을 준용한다.
제60조 (이사의 대표권 제한의 대항요건)	이사의 대표권에 대한 제한은 등기하지 아니하면 제삼자에게 대항하지 못한다.
제60조의2 (직무대행자의 권한)	① 제52조의2의 직무대행자는 가처분명령에 다른 정함이 있는 경우 외에는 법인의 통상사무에 속하지 아니한 행위를 하지 못한다. 다만, 법원의 허가를 얻은 경우에는 그러하지 아니하다. ② 직무대행자가 제1항의 규정에 위반한 행위를 한 경우에도 법인은 선의의 제3자에 대하여 책임을 진다.
제61조 (이사의 주의의무)	이사는 선량한 관리자의 주의로 직무를 행하여야 한다.
제62조 (이사의 대리인 선임)	이사는 정관 또는 총회의 결의로 금지하지 아니한 사항에 한하여 타인으로 하여금 특정한 행위를 대리하게 할 수 있다.
제63조 (임시이사의 선임)	이사가 없거나 결원이 있는 경우에 이로 인하여 손해가 생길 염려 있는 때에는 법원은 이해관계인이나 검사의 청구에 의하여 임시이사를 선임하여야 한다.
제64조 (특별대리인의 선임)	법인과 이사의 이익이 상반하는 사항에 관하여는 이사는 대표권이 없다. 이 경우에는 전조의 규정에 의하여 특별대리인을 선임하여야 한다.
제65조 (이사의 임무해태)	이사가 그 임무를 해태한 때에는 그 이사는 법인에 대하여 연대하여 손해배상의 책임이 있다.
제66조 (감사)	법인은 정관 또는 총회의 결의로 감사를 둘 수 있다.

제67조 (감사의 직무)	감사의 직무는 다음과 같다. 1. 법인의 재산 상황을 감사하는 일 2. 이사의 업무 집행의 상황을 감사하는 일 3. 재산 상황 또는 업무 집행에 관하여 부정, 불비한 것이 있음을 발견한 때에는 이를 총회 또는 주무관청에 보고하는 일 4. 전호의 보고를 하기 위하여 필요있는 때에는 총회를 소집하는 일
제68조 (총회의 권한)	사단법인의 사무는 정관으로 이사 또는 기타 임원에게 위임한 사항외에는 총회의 결의에 의하여야 한다.
제69조 (통상총회)	사단법인의 이사는 매년 1회 이상 통상총회를 소집하여야 한다.
제70조 (임시총회)	① 사단법인의 이사는 필요하다고 인정한 때에는 임시총회를 소집할 수 있다. ② 총사원의 5분의 1 이상으로부터 회의의 목적 사항을 제시하여 청구한 때에는 이사는 임시총회를 소집하여야 한다. 이 정수는 정관으로 증감할 수 있다. ③ 전항의 청구있는 후 2주간내에 이사가 총회 소집의 절차를 밟지 아니한 때에는 청구한 사원은 법원의 허가를 얻어 이를 소집할 수 있다.
제71조(총회의 소집)	총회의 소집은 1주간전에 그 회의의 목적 사항을 기재한 통지를 발하고 기타 정관에 정한 방법에 의하여야 한다.
제72조 (총회의 결의사항)	총회는 전조의 규정에 의하여 통지한 사항에 관하여서만 결의할 수 있다. 그러나 정관에 다른 규정이 있는 때에는 그 규정에 의한다.
제73조 (사원의 결의권)	① 각 사원의 결의권은 평등으로 한다. ② 사원은 서면이나 대리인으로 결의권을 행사할 수 있다. ③ 전2항의 규정은 정관에 다른 규정이 있는 때에는 적용하지 아니한다.
제74조 (사원이 결의권없는 경우)	사단법인과 어느 사원과의 관계사항을 의결하는 경우에는 그 사원은 결의권이 없다.
제75조 (총회의 결의 방법)	① 총회의 결의는 본법 또는 정관에 다른 규정이 없으면 사원 과반수의 출석과 출석사원의 결의권의 과반수로써 한다. ② 제73조제2항의 경우에는 당해사원은 출석한 것으로 한다.
제76조 (총회의 의사록)	① 총회의 의사에 관하여는 의사록을 작성하여야 한다. ② 의사록에는 의사의 경과, 요령 및 결과를 기재하고 의장 및 출석한 이사가 기명날인 하여야 한다. ③ 이사는 의사록을 주된 사무소에 비치하여야 한다.

제4절 해산

제77조 (해산 사유)	① 법인은 존립기간의 만료, 법인의 목적의 달성 또는 달성의 불능 기타 정관에 정한 해산 사유의 발생, 파산 또는 설립 허가의 취소로 해산한다. ② 사단법인은 사원이 없게 되거나 총회의 결의로도 해산한다.
제78조 (사단법인의 해산결의)	사단법인은 총사원 4분의 3 이상의 동의가 없으면 해산을 결의하지 못한다. 그러나 정관에 다른 규정이 있는 때에는 그 규정에 의한다.
제79조 (파산신청)	법인이 채무를 완제하지 못하게 된 때에는 이사는 지체없이 파산신청을 하여야 한다.

제80조 (잔여재산의 귀속)	① 해산한 법인의 재산은 정관으로 지정한 자에게 귀속한다. ② 정관으로 귀속권리자를 지정하지 아니하거나 이를 지정하는 방법을 정하지 아니한 때에는 이사 또는 청산인은 주무관청의 허가를 얻어 그 법인의 목적에 유사한 목적을 위하여 그 재산을 처분할 수 있다. 그러나 사단법인에 있어서는 총회의 결의가 있어야 한다. ③ 전2항의 규정에 의하여 처분되지 아니한 재산은 국고에 귀속한다.
제81조 (청산법인)	해산한 법인은 청산의 목적범위 내에서만 권리가 있고 의무를 부담한다.
제82조 (청산인)	법인이 해산한 때에는 파산의 경우를 제하고는 이사가 청산인이 된다. 그러나 정관 또는 총회의 결의로 달리 정한 바가 있으면 그에 의한다.
제83조 (법원에 의한 청산인의 선임)	전조의 규정에 의하여 청산인이 될 자가 없거나 청산인의 결원으로 인하여 손해가 생길 염려가 있는 때에는 법원은 직권 또는 이해관계인이나 검사의 청구에 의하여 청산인을 선임할 수 있다.
제84조 (법원에 의한 청산인의 해임)	중요한 사유가 있는 때에는 법원은 직권 또는 이해관계인이나 검사의 청구에 의하여 청산인을 해임할 수 있다.
제85조 (해산등기)	① 청산인은 파산의 경우를 제하고는 그 취임후 3주간내에 해산의 사유 및 연월일, 청산인의 성명 및 주소와 청산인의 대표권을 제한한 때에는 그 제한을 주된 사무소 및 분사무소소재지에서 등기하여야 한다. ② 제52조의 규정은 전항의 등기에 준용한다.
제86조 (해산신고)	① 청산인은 파산의 경우를 제하고는 그 취임후 3주간내에 전조제1항의 사항을 주무관청에 신고하여야 한다. ② 청산중에 취임한 청산인은 그 성명 및 주소를 신고하면 된다.
제87조 (청산인의 직무)	① 청산인의 직무는 다음과 같다. 　　1. 현존사무의 종결 　　2. 채권의 추심 및 채무의 변제 　　3. 잔여재산의 인도 ② 청산인은 전항의 직무를 행하기 위하여 필요한 모든 행위를 할 수 있다.
제88조 (채권신고의 공고)	① 청산인은 취임한 날로부터 2월내에 3회 이상의 공고로 채권자에 대하여 일정한 기간내에 그 채권을 신고할 것을 최고하여야 한다. 그 기간은 2월 이상이어야 한다. ② 전항의 공고에는 채권자가 기간내에 신고하지 아니하면 청산으로부터 제외될 것을 표시하여야 한다. ③ 제1항의 공고는 법원의 등기사항의 공고와 동일한 방법으로 하여야 한다.
제89조 (채권신고의 최고)	청산인은 알고 있는 채권자에게 대하여는 각각 그 채권신고를 최고하여야 한다. 알고 있는 채권자는 청산으로부터 제외하지 못한다.
제90조 (채권신고기간내 변제금지)	청산인은 제88조제1항의 채권신고기간내에는 채권자에 대하여 변제하지 못한다. 그러나 법인은 채권자에 대한 지연손해배상의 의무를 면하지 못한다.
제91조 (채권변제의 특례)	① 청산 중의 법인은 변제기에 이르지 아니한 채권에 대하여도 변제할 수 있다. ② 전항의 경우에는 조건있는 채권, 존속 기간의 불확정한 채권 기타 가액의 불확정한 채권에 관하여는 법원이 선임한 감정인의 평가에 의하여 변제하여야 한다.

제92조 (청산으로부터 제외된 채권)	청산으로부터 제외된 채권자는 법인의 채무를 완제한 후 귀속권리자에게 인도하지 아니한 재산에 대하여서만 변제를 청구할 수 있다.
제93조 (청산중의 파산)	① 청산중 법인의 재산이 그 채무를 완제하기에 부족한 것이 분명하게 된 때에는 청산인은 지체없이 파산선고를 신청하고 이를 공고하여야 한다. ② 청산인은 파산관재인에게 그 사무를 인계함으로써 그 임무가 종료한다. ③ 제88조제3항의 규정은 제1항의 공고에 준용한다.
제94조 (청산종결의 등기와 신고)	청산이 종결한 때에는 청산인은 3주간내에 이를 등기하고 주무관청에 신고하여야 한다.
제95조 (해산, 청산의 검사, 감독)	법인의 해산 및 청산은 법원이 검사, 감독한다.
제96조 (준용규정)	제58조제2항, 제59조 내지 제62조, 제64조, 제65조 및 제70조의 규정은 청산인에 이를 준용한다.

제5절 벌칙

제97조 (벌칙)	법인의 이사, 감사 또는 청산인은 다음 각호의 경우에는 500 만 원 이하의 과태료에 처한다. 〈개정 2007. 12. 21.〉 1. 본장에 규정한 등기를 해태한 때 2. 제55조의 규정에 위반하거나 재산목록 또는 사원명부에 부정기재를 한 때 3. 제37조, 제95조에 규정한 검사, 감독을 방해한 때 4. 주무관청 또는 총회에 대하여 사실아닌 신고를 하거나 사실을 은폐한 때 5. 제76조와 제90조의 규정에 위반한 때 6. 제79조, 제93조의 규정에 위반하여 파산선고의 신청을 해태한 때 7. 제88조, 제93조에 정한 공고를 해태하거나 부정한 공고를 한 때

부록 ②

공익법인법의 공익법인

단체의 라이프사이클

제1조 (목적)	이 법은 법인의 설립·운영 등에 관한 「민법」의 규정을 보완하여 법인으로 하여금 그 공익성을 유지하며 건전한 활동을 할 수 있도록 함을 목적으로 한다.
제2조 (적용 범위)	이 법은 재단법인이나 사단법인으로서 사회 일반의 이익에 이바지하기 위하여 학자금·장학금 또는 연구비의 보조나 지급, 학술, 자선慈善에 관한 사업을 목적으로 하는 법인(이하 "공익법인"이라 한다)에 대하여 적용한다.
제3조 (정관의 준칙 등)	① 공익법인은 정관에 다음 사항을 적어야 한다. 　　1. 목적 　　2. 명칭 　　3. 사무소의 소재지 　　4. 설립 당시의 자산의 종류·상태 및 평가액 　　5. 자산의 관리방법과 회계에 관한 사항 　　6. 이사 및 감사의 정수定數·임기 및 그 임면任免에 관한 사항 　　7. 이사의 결의권 행사 및 대표권에 관한 사항 　　8. 정관의 변경에 관한 사항 　　9. 공고 및 공고 방법에 관한 사항 　　10. 존립시기와 해산사유를 정한 경우에는 그 시기와 사유 및 잔여재산의 처리방법 　　11. 업무감사와 회계검사에 관한 사항 ② 제1항에 따른 정관의 기재 사항과 그 밖에 필요한 사항에 관하여는 대통령령으로 정한다.
제4조 (설립허가 기준)	① 주무 관청은 「민법」 제32조에 따라 공익법인의 설립허가신청을 받으면 관계 사실을 조사하여 재단법인은 출연재산의 수입, 사단법인은 회비·기부금 등으로 조성되는 재원財源의 수입(이하 각 "기본재산"이라 한다)으로 목적사업을 원활히 수행할 수 있다고 인정되는 경우에만 설립허가를 한다. ② 주무 관청은 공익법인의 설립허가를 할 때 대통령령으로 정하는 바에 따라 회비 징수, 수혜受惠 대상에 관한 사항, 그 밖에 필요한 조건을 붙일 수 있다. ③ 공익법인은 목적 달성을 위하여 수익사업을 하려면 정관으로 정하는 바에 따라 사업마다 주무 관청의 승인을 받아야 한다. 이를 변경하려는 경우에도 또한 같다.
제5조 (임원 등)	① 공익법인에는 5명 이상 15명 이하의 이사와 2명의 감사를 두되, 주무 관청의 승인을 받아 그 수를 증감할 수 있다. ② 임원은 주무 관청의 승인을 받아 취임한다. ③ 이사와 감사의 임기는 정관으로 정하되, 이사는 4년, 감사는 2년을 초과할 수 없다. 다만, 연임할 수 있다. ④ 이사의 과반수는 대한민국 국민이어야 한다. ⑤ 이사회를 구성할 때 대통령령으로 정하는 특별한 관계가 있는 자의 수는 이사 현원現員의 5분의 1을 초과할 수 없다. ⑥ 다음 각 호의 어느 하나에 해당하는 자는 공익법인의 임원이 될 수 없다.

제5조 (임원 등)	1. 미성년자 2. 피성년후견인 또는 피한정후견인 3. 파산선고를 받은 자로서 복권되지 아니한 자 4. 금고 이상의 형을 받고 집행이 종료되거나 집행을 받지 아니하기로 　확정된 후 3년이 지나지 아니한 자 5. 제14조제2항에 따라 임원 취임승인이 취소된 후 2년이 지나지 아니한 자 ⑦ 이사나 감사 중에 결원이 생기면 2개월 내에 보충하여야 한다. ⑧ 감사는 이사와 제5항에 따른 특별한 관계가 있는 자가 아니어야 하며 그 중 　1명은 대통령령으로 정하는 바에 따라 법률과 회계에 관한 지식과 경험이 　있는 자 중에서 주무 관청이 추천할 수 있다. ⑨ 공익법인은 주무 관청의 승인을 받아 상근임직원의 수를 정하고 　상근임직원에게는 보수를 지급한다.
제6조 (이사회)	① 공익법인에 이사회를 둔다. ② 이사회는 이사로 구성한다. ③ 이사장은 정관으로 정하는 바에 따라 이사 중에서 호선互選한다. ④ 이사장은 이사회를 소집하며, 이사회의 의장이 된다.
제7조 (이사회의 기능)	① 이사회는 다음 사항을 심의 결정한다. 　1. 공익법인의 예산, 결산, 차입금 및 재산의 취득·처분과 관리에 관한 사항 　2. 정관의 변경에 관한 사항 　3. 공익법인의 해산에 관한 사항 　4. 임원의 임면에 관한 사항 　5. 수익사업에 관한 사항 　6. 그 밖에 법령이나 정관에 따라 그 권한에 속하는 사항 ② 이사장이나 이사가 공익법인과 이해관계가 상반될 때에는 그 사항에 관한 　의결에 참여하지 못한다.
제8조 (이사회의 소집)	① 이사장은 필요하다고 인정할 때에는 이사회를 소집할 수 있다. ② 이사장은 다음 각 호의 어느 하나에 해당하는 소집요구가 있을 때에는 그 　소집요구일부터 20일 이내에 이사회를 소집하여야 한다. 　1. 재적이사의 과반수가 회의의 목적을 제시하여 소집을 요구할 때 　2. 제10조제1항제5호에 따라 감사가 소집을 요구할 때 ③ 이사회를 소집할 때에는 적어도 회의 7일 전에 회의의 목적을 구체적으로 　밝혀 각 이사에게 알려야 한다. 다만, 이사 전원이 모이고 또 그 전원이 　이사회의 소집을 요구할 때에는 그러하지 아니하다. ④ 이사회를 소집하여야 할 경우에 그 소집권자가 궐위闕位되거나 이사회 　소집을 기피하여 7일 이상 이사회 소집이 불가능한 경우에는 재적이사 　과반수의 찬동으로 감독청의 승인을 받아 이사회를 소집할 수 있다. 이 경우 　정관으로 정하는 이사가 이사회를 주재한다.
제9조 (의결정족수 등)	① 이사회의 의사議事는 정관에 특별한 규정이 없으면 재적이사 과반수의 　찬성으로 의결한다. ② 이사는 평등한 의결권을 가진다. ③ 이사회의 의사는 서면결의에 의해 처리할 수 없다. ④ 이사회의 의결은 대한민국 국민인 이사가 출석이사의 과반수가 되어야 한다.

제10조(감사의 직무)	① 감사는 다음 각 호의 직무를 수행한다.
	  1. 공익법인의 업무와 재산상황을 감사하는 일 및 이사에 대하여 감사에
	    필요한 자료의 제출 또는 의견을 요구하고 이사회에서 발언하는 일
	  2. 이사회의 회의록에 기명날인하는 일
	  3. 공익법인의 업무와 재산상황에 대하여 이사에게 의견을 진술하는 일
	  4. 공익법인의 업무와 재산상황을 감사한 결과 불법 또는 부당한 점이
	    있음을 발견한 때에 이를 이사회에 보고하는 일
	  5. 제4호의 보고를 하기 위하여 필요하면 이사회의 소집을 요구하는 일
	② 감사는 공익법인의 업무와 재산상황을 감사한 결과 불법 또는 부당한 점이
	있음을 발견한 때에는 지체 없이 주무 관청에 보고하여야 한다.
	③ 감사는 이사가 공익법인의 목적범위 외의 행위를 하거나 그 밖에 이 법 또는
	이 법에 따른 명령이나 정관을 위반하는 행위를 하여 공익법인에 현저한
	손해를 발생하게 할 우려가 있을 때에는 그 이사에 대하여 직무집행을 유지
	留止할 것을 법원에 청구할 수 있다.

제11조(재산)	① 공익법인의 재산은 대통령령으로 정하는 바에 따라 기본재산과
	보통재산으로 구분한다.
	② 기본재산은 그 목록과 평가액을 정관에 적어야 하며, 평가액에 변동이 있을
	때에는 지체 없이 정관 변경 절차를 밟아야 한다.
	③ 공익법인은 기본재산에 관하여 다음 각 호의 어느 하나에 해당하는 경우
	주무 관청의 허가를 받아야 한다.
	  1. 매도·증여·임대·교환 또는 용도변경하거나 담보로 제공하려는 경우
	  2. 대통령령으로 정하는 일정 금액 이상을 장기차입長期借入하려는 경우
	  3. 기본재산의 운용수익이 감소하거나 기부금 또는 그 밖의 수입금이
	    감소하는 등 대통령령으로 정하는 사유로 정관에서 정한 목적사업의
	    수행이 현저히 곤란하여 기본재산을 보통재산으로 편입하려는 경우
	④ 제3항에도 불구하고 「상속세 및 증여세법」 제16조제2항에 따른
	성실공익법인이 기본재산에 관하여 다음 각 호의 어느 하나에 해당하는
	경우에는 주무 관청에 대한 신고로 갈음할 수 있다.
	  1. 기본재산의 100분의 20 범위에서 기본재산의 증식을 목적으로 하는
	    매도·교환 또는 용도변경 등 대통령령으로 정하는 경우
	  2. 제3항제3호에 해당하여 기본재산을 100분의 10 범위에서
	    보통재산으로 편입하려는 경우. 이 경우 직전 편입이 있은 날부터 최소
	    3년이 경과하여야 한다.
	⑤ 공익법인은 목적사업을 수행하기 위하여 그 재산을 선량한 관리자의 주의를
	다하여 관리하여야 한다.

제12조 (예산 및 결산 등)	① 공익법인의 회계연도는 정부의 회계연도에 따른다. ② 공익법인은 주무 관청에 대하여 대통령령으로 정하는 바에 따라 매 회계연도가 시작되기 전에 다음 해에 실시할 사업계획 및 예산을 제출하고 매 회계연도가 끝난 후에 사업실적과 결산을 보고하여야 한다. 이 경우 결산보고에는 대통령령으로 정하는 바에 따라 공인회계사의 감사증명서를 첨부하게 할 수 있다. ③ 공익법인은 결산상 잉여금을 기본재산에 전입하거나 다음 해에 이월하여 목적사업에 사용하여야 한다. ④ 공익법인의 재산관리, 예산편성, 회계 등에 관한 사항은 대통령령으로 정한다.

제13조 **(잔여재산의 귀속)**	① 해산한 공익법인의 남은 재산은 정관으로 정하는 바에 따라 국가나 지방자치단체에 귀속된다. ② 제1항에 따라 국가나 지방자치단체에 귀속된 재산은 공익사업에 사용하거나 이를 유사한 목적을 가진 공익법인에 증여하거나 무상대부無償貸付한다.
제14조 **(감독)**	① 주무 관청은 공익법인의 업무를 감독한다. ② 주무 관청은 다음 각 호의 어느 하나에 해당하는 사유가 있으면 그 사유의 시정을 요구한 날부터 1개월이 지나도 이에 응하지 아니한 경우에 이사의 취임승인을 취소할 수 있다. 　1. 이 법 또는 정관을 위반한 경우 　2. 임원 간의 분쟁, 회계부정, 재산의 부당한 손실, 현저한 부당행위 등으로 해당 공익법인의 설립목적을 달성하지 못할 우려를 발생시킨 경우 　3. 목적사업 외의 사업을 수행하거나 수행하려 한 경우 ③ 주무 관청은 수익사업을 하는 공익법인에 다음 각 호의 사유가 있다고 인정되면 그 공익법인에 대하여 그 사업의 시정이나 정지를 명할 수 있다. 　1. 수익을 목적사업 외의 용도에 사용할 때 　2. 해당 사업을 계속하는 것이 공익법인의 목적에 위배된다고 인정될 때
제15조(조세 감면 등)	공익법인에 출연出捐하거나 기부한 재산에 대한 상속세·증여세·소득세·법인세 및 지방세는 「조세특례제한법」으로 정하는 바에 따라 감면할 수 있다.
제16조 **(설립허가의 취소)**	① 설립허가를 한 주무 관청은 공익법인에 다음 각 호의 어느 하나에 해당하는 사유가 있다고 인정될 때에는 그 공익법인에 대한 설립허가를 취소할 수 있다. 다만, 공익법인의 목적사업이 둘 이상인 경우에는 그 일부의 목적사업에 해당 사유가 있을 때에도 또한 같다. 　1. 거짓이나 그 밖의 부정한 방법으로 설립허가를 받은 경우 　2. 설립허가 조건을 위반한 경우 　3. 목적 달성이 불가능하게 된 경우 　4. 목적사업 외의 사업을 한 경우 　5. 이 법 또는 이 법에 따른 명령이나 정관을 위반한 경우 　6. 공익을 해치는 행위를 한 경우 　7. 정당한 사유 없이 설립허가를 받은 날부터 6개월 이내에 목적사업을 시작하지 아니하거나 1년 이상 사업실적이 없을 때 ② 제1항에 따른 공익법인의 설립허가취소는 다른 방법으로는 감독목적을 달성할 수 없거나 감독청이 시정을 명령한 후 1년이 지나도 이에 응하지 아니한 경우에 한다.
제16조의2 **(청문)**	주무 관청은 제16조에 따라 공익법인의 설립허가를 취소하려는 경우에는 청문을 하여야 한다.
제17조 **(감사 등)**	① 주무 관청은 감독상 필요하면 공익법인에 대하여 그 업무보고서의 제출을 명하거나 업무재산관리 및 회계를 감사하여 그 적정을 기하고, 목적사업을 원활히 수행하도록 지도하여야 한다. ② 주무 관청은 공익법인의 효율적 감독을 위하여 필요하면 대통령령으로 정하는 바에 따라 공인회계사나 그 밖에 관계 전문기관으로 하여금 제1항에 따른 감사를 하게 할 수 있다.
제18조 **(권한의 위임)**	주무 관청은 이 법에 정한 권한의 일부를 대통령령으로 정하는 바에 따라 하급관청이나 지방자치단체에 위임할 수 있다.

제19조(벌칙)	① 제4조제3항이나 제11조제3항·제4항 또는 제12조제3항을 위반하면 3년 이하의 징역 또는 3천만원 이하의 벌금에 처한다. ② 다음 각 호의 어느 하나에 해당하면 1년 이하의 징역 또는 1천만원 이하의 벌금에 처한다. 　　1. 제14조제3항에 따른 명령을 위반한 경우 　　2. 제12조제2항을 위반하거나 거짓으로 보고한 경우 　　3. 제17조에 따른 감사를 거부하거나 기피한 경우 　　4. 감사가 정당한 사유 없이 직무 수행을 거부하거나 직무를 유기한 경우 ③ 이사나 감사가 제1항 및 제2항의 죄를 범하였을 때에는 그 행위자를 벌할 뿐만 아니라 그 공익법인에도 제1항 및 제2항의 벌금형을 부과한다. 다만, 법인이 그 위반행위를 방지하기 위하여 해당 업무에 관하여 상당한 주의와 감독을 게을리하지 아니한 때와 주무관청이 추천한 감사의 행위에 대하여는 그러하지 아니하다.
제20조 삭제	
부칙 〈제15149호, 2017. 12. 12.〉	
제1조 (시행일)	이 법은 공포한 날부터 시행한다.
제2조 (금치산자 등의 결격사유에 관한 경과조치)	제5조제6항제2호의 개정규정에도 불구하고 이 법 시행 당시 법률 제10429호 민법 일부개정법률 부칙 제2조에 따라 금치산 또는 한정치산 선고의 효력이 유지되는 사람에 대하여는 종전의 규정에 따른다.

참고 문헌

○

- 에드가 스토에즈 지음, 김경수 옮김,

  『좋은 일을 멋지게, 멋진 일을 바르게』, 누림북스, 2020.

- 인디펜던트 섹터 지음, 배원기 옮김,

  『비영리단체의 바람직한 운영원칙』, 동아일보사, 2015.

- 피터 드러커 지음, 현영하 옮김,

  『비영리단체의 경영』, 한국경제신문사, 1995.

- ASAE:협회리더십센터 지음, 황희곤·윤은주·조규태 옮김,

  『성공하는 협회와 단체의 7가지 원칙』, 반디, 2012.

- 송호영 연구책임, 「비영리법인·단체 관리운영 업무편람」, 법무부, 2020.
- 행정사 창업아카데미, 대한행정사회, 2021.

참고 법률

○

- 기부금품의 모집 및 사용에 관한 법률

- 민법

- 협동조합기본법

- 법인세법

- 상법

- 소득세법

- 상속 및 증여세법

- 공익법인의 설립운영에 관한 법률